CITRINŲ MYLĖTOJŲ KULINARIJOS BENDRAS

100 šviežių ir kvapnių receptų, kaip pagyvinti jūsų kulinarinį repertuarą

Darija Kazlauskienė

Autorių teisių medžiaga © 2024m

Visos teisės saugomos

Jokia šios knygos dalis negali būti naudojama ar perduodama jokia forma ar bet kokiomis priemonėmis be tinkamo rašytinio leidėjo ir autorių teisių savininko sutikimo, išskyrus trumpas citatas, naudojamas apžvalgoje. Ši knyga neturėtų būti laikoma medicininių, teisinių ar kitų profesionalių patarimų pakaitalu.

TURINYS

TURINYS………………………………………………………………3
ĮVADAS………………………………………………………………..7
PUSRYČIAI…………………………………………………………...8
1. Citrininės spurgos su pistacijomis……………………..9
2. Citrininiai kokoso bandelės……………………………12
3. Mėlynių-citrinų paplotėliai……………………………..14
4. Macadamia citrinų puodeliai………………………….17
5. Citrinų čiobrelių anglų bandelė……………………….19
6. Mėlynių citrinų sūrio pyragas avižos………………..22
7. Mėlynių ir citrinos žievelės vafliai……………………24
8. Mėlynių citrininiai kruasanai………………………….27
9. Citrinų mėtų arbata……………………………………..29
10. Citrinų sūrio bandelės…………………………………31
11. Citrininiai bandelės……………………………………34
UŽKARTAI IR UŽKANDŽIAI…………………………………..37
12. Citrinų churros………………………………………….38
13. Citrinų Jalapeño Pretzel kąsneliai…………………41
14. Citrininiai batonėliai…………………………………..44
15. Citrininiai krekeriai……………………………………47
16. Citrininiai pipirai Pita traškučiai……………………49
17. Citrinų varškės pyragas………………………………51
18. Citrininė verbena Madeleines………………………54
19. Lemon Brownies……………………………………….57
20. Mini citrinų batonėliai…………………………………59
21. Limonadiniai triufeliai…………………………………61
DESERTAS…………………………………………………………64
22. Citrininio veidrodinio glazūros makaronai………65
23. Pistacijos citrinos Éclairs…………………………….69
24. Goji, pistacijų ir citrinų pyragas…………………….75
25. Citrinų meringue-pistacijų pyragas……………….78
26. Citrininis braškių putėsių pyragas…………………81
27. Citrininių vyšnių riešutų putėsiai…………………..85

28. Ledinis citrininis tortas su rabarbarų padažu...............88
29. Citrinų-rabarbarų debesų pudingas............................92
30. Rabarbarų citrinų tofu pyragas..................................95
31. Citrinų sorbetas..97
32. Mini citrininiai tartletai..99
33. Parfaits su citrininiu meringue pyragu....................102
34. Citrinų ir levandų lėkštė...104
35. Citrina Zabaglione..107
36. „Meyer Lemon" pyragas aukštyn kojomis..............109
37. Kremo indeliai su citrinomis..................................113
38. Prancūziški citrininiai makaronai..........................116
39. Lemon Brulée pyragas...120
40. Lemoninis ledas su irisu..122
41. Lemon Curd Gelato..125
42. Korių citrinų pyragas...127
43. Citrininės varškės putėsiai....................................130
44. Citrina Semifreddo..132
45. Sumuštiniai su citrininiais ledais..........................134
GLAZIJA IR GLAZAI...137
46. Citrininis glajus..138
47. Aviečių limonado glajus...140
48. Citrininio sviesto glaistymas..................................142
49. Citrinų aguonų glaistymas.....................................144
LIMONADAI..146
50. Klasikinis šviežiai spaustas limonadas..................147
51. Rožinio greipfruto limonadas.................................149
52. Aviečių limonado mimozos....................................151
53. Braškių limonado purškiklis..................................153
54. Drakono vaisių limonadas.....................................155
55. Kivių limonadas...157
56. Aviečių kefyro limonadas......................................159
57. Aviečių ir pankolių limonadas...............................161
58. Slyvų limonadas..163
59. Granatų limonadas..166
60. Vyšnių limonadas..168

61. Mėlynių limonadas..170
62. Dygliuotų kriaušių sulčių putojantis limonadas.........172
63. Juodųjų vynuogių limonadas...................................174
64. Ličių limonadas..176
65. Obuolių ir kopūstų limonadas el..............................178
66. Rabarbarų limonadas..180
67. Ridikėlių limonadas...182
68. Agurkų limonado malonumas..................................184
69. Mėtų kopūstų limonadas...186
70. Burokėlių limonadas...188
71. Drugelio žirnių limonadas..191
72. Levandų limonadas...193
73. Rožių vandens limonadas.......................................195
74. Levandų ir kokosų limonadas..................................197
75. Švieži alyvinė limonadas e......................................200
76. Hibiscus limonadas...202
77. Baziliko limonadas..205
78. Cilantro limonadas..207
79. Agurklių užpiltas limonadas.....................................209
80. Citrinų verbenų limonadas......................................211
81. Rozmarinų limonadas...213
82. Citrinžolių limonadas..215
83. Hibiscus baziliko limonadas....................................217
84. Jūros samanų limonadas..219
85. Spirulina L emonadas...221
86. Jūros dumblių užpiltas limonadas...........................223
87. Chlorella limonadas..225
88. Matcha žaliosios arbatos limonadas.......................227
89. Ledinės kavos limonadas.......................................229
90. Earl Grey limonadas...232
91. Persikų juodosios arbatos limonadas.....................234
92. Chai aviečių limonadas..236
93. Limonadas Kombucha...238
94. Prieskonių obuolių limonadas.................................240
95. Ciberžolės limonadas...242

96. Masala limonadas..244
97. Chai prieskoniais pagardintas limonadas......................246
98. Karštas padažas Limonadas..248
99. Indiškas limonadas su prieskoniais...............................250
100. Levandų citrinos lašas..253
IŠVADA..255

ĮVADAS

Sveiki atvykę į „Citrinų mėgėjų kulinarijos kompanioną" – nuotaikingą kelionę į citrinų pasaulį ir jų nepaprastą įtaką kulinarijos menui. Ryškaus ir gaivinančio skonio citrinos visame pasaulyje užsitarnavo ypatingą vietą šefų ir namų virėjų širdyse. Šioje kulinarijos knygoje kviečiame tyrinėti citrinų universalumą ir gyvybingumą per 100 šviežių ir kvapnių receptų rinkinį.

Mūsų kelionė per citrinų nusėtą kraštovaizdį supažindins su šios citrusinių vaisių superžvaigždės magija. Nesvarbu, ar esate patyręs virėjas, ar virtuvės naujokas, ši knyga yra jūsų vadovas, kaip į savo kulinarinius kūrinius įtraukti aštrų citrusinį citrinų gėrį. Nuo užkandžių iki desertų, nuo pikantiškų iki saldžių – atrasite begalines citrinų galimybes, kurios pagyvins ir paaukštins jūsų patiekalus.

Leisdamiesi į šį citrusinių vaisių nuotykį, pasiruoškite atskleisti maisto gaminimo su citrinomis paslaptis ir leiskite jų saulėtai išvaizdai pakeisti jūsų patiekalus. Taigi, griebkite prijuostę, pagaląskite peilius ir kartu su mumis praskaidrinkite savo kulinarinį repertuarą su „Citrinų mylėtojų kulinarijos palydovu".

PUSRYČIAI

1. Citrininės spurgos su pistacijomis

INGRIDIENTAI:

SPurgelėms:
- Nelipnus virimo purškalas
- ½ puodelio granuliuoto cukraus
- Nutarkuota 1 citrinos žievelė ir sultys
- 1 ½ stiklinės universalių miltų
- ¾ arbatinio šaukštelio kepimo miltelių
- ¼ arbatinio šaukštelio kepimo sodos
- ¼ arbatinio šaukštelio druskos
- ⅓ puodelio pasukų
- ⅓ puodelio nenugriebto pieno
- 6 Valg. nesūdyto sviesto, kambario temperatūros
- 1 kiaušinis
- 2 arbatiniai šaukšteliai vanilės ekstrakto

DĖL GLAZŲ
- ½ puodelio paprasto graikiško jogurto
- Nutarkuota 1 citrinos žievelė
- ¼ arbatinio šaukštelio druskos
- 1 puodelis konditerinio cukraus
- ½ puodelio skrudintų pistacijų, supjaustytų

INSTRUKCIJOS :

a) Norėdami pagaminti spurgas, įkaitinkite orkaitę iki 375 ° F.

b) Padenkite spurgų keptuvės duobutes neprideganciu kepimo purškalu.

c) Mažame dubenyje sumaišykite granuliuotą cukrų ir citrinos žievelę. Pirštų galiukais žievelę įtrinkite į cukrų. Kitame dubenyje sumaišykite miltus, kepimo miltelius, soda ir druską. Matavimo puodelyje sumaišykite pasukas, nenugriebtą pieną ir citrinos sultis.

d) Stovimojo maišytuvo dubenyje su mentelės priedu suplakite cukraus mišinį ir sviestą vidutiniu greičiu iki šviesios ir purios masės, maždaug 2 minutes. Nubraukite dubens šonus. Įdėkite kiaušinį ir vanilę ir plakite vidutiniu greičiu, kol susimaišys apie 1 minutę.

e) Mažu greičiu suberkite miltų mišinį 3 kartus pakaitomis su pieno mišiniu, pradedant ir baigiant miltais. Kiekvieną priedą plakite iki vientisos masės.

f) Supilkite 2 Valg. tešlą į kiekvieną paruoštą duobutę. Kepkite, įpusėjus kepimui, sukdami keptuvę 180 laipsnių kampu, kol į spurgas įsmeigtas dantų krapštukas išeis švarus, apie 10 minučių. Leiskite atvėsti keptuvėje ant aušinimo grotelių 5 minutes, tada apverskite spurgas ant grotelių ir leiskite visiškai atvėsti. Tuo tarpu išplaukite ir išdžiovinkite keptuvę ir pakartokite, kad iškeptumėte likusią tešlą.

g) Norėdami pagaminti glajų, dubenyje sumaišykite jogurtą, citrinos žievelę ir druską.

h) Suberkite konditerių cukrų ir maišykite iki vientisos masės ir gerai išsimaišys.

i) Spurgas, viršutine puse žemyn, panardinkite į glajų, pabarstykite pistacijomis ir patiekite.

2. Citrininiai kokoso bandelės

INGRIDIENTAI:

- 1 ¼ puodelio migdolų miltų
- 1 puodelis susmulkinto nesaldinto kokoso
- 2 šaukštai kokosų miltų
- ½ arbatinio šaukštelio kepimo sodos
- ½ arbatinio šaukštelio kepimo miltelių
- ¼ arbatinio šaukštelio druskos
- ¼ puodelio medaus
- 1 citrinos sultys ir žievelė
- ¼ puodelio riebaus kokosų pieno
- 3 kiaušiniai, išplakti
- 3 šaukštai kokosų aliejaus
- 1 arbatinis šaukštelis vanilės ekstrakto

INSTRUKCIJOS:

a) Įkaitinkite orkaitę iki 350 f. Nedideliame dubenyje sumaišykite visus šlapius ingredientus.

b) Vidutiniame dubenyje sumaišykite visus sausus ingredientus.

c) Dabar supilkite šlapius ingredientus į sausų ingredientų dubenį ir įmaišykite į tešlą.

d) Palikite tešlą keletą minučių, tada vėl išmaišykite. Dabar ištepkite keksų formą riebalais ir užpildykite kiekvieną maždaug dviem trečdaliais. Pašaukite į orkaitę ir kepkite apie 20 minučių.

e) Patikrinkite bandelės paruošimą įsmeigę dantų krapštuką į centrą ir, jei jis išeis švarus, vadinasi, galite pradėti. Išimkite iš orkaitės, leiskite atvėsti minutę ir patiekite!

3. Mėlynių-citrinų paplotėliai

INGRIDIENTAI:
- 2 puodeliai universalių miltų
- 1 valgomasis šaukštas kepimo miltelių
- 2 arbatinius šaukštelius cukraus
- 1 arbatinis šaukštelis košerinės druskos
- 2 uncijos rafinuoto kokosų aliejaus
- 1 puodelis šviežių mėlynių
- $\frac{1}{4}$ uncijos citrinos žievelės
- 8 uncijos kokosų pieno

INSTRUKCIJOS:
a) Virtuviniu kombainu sumaišykite kokosų aliejų su druska, cukrumi, kepimo milteliais ir miltais.
b) Perkelkite šį miltų mišinį į maišymo dubenį.
c) Dabar į miltų mišinį įpilkite kokosų pieno ir citrinos žievelės, tada gerai išmaišykite.
d) Suberkite mėlynes ir gerai išmaišykite paruoštą tešlą iki vientisos masės.
e) Paskleiskite šią mėlynių tešlą į 7 colių apskritimą ir padėkite į keptuvę.
f) Mėlynių tešlą 15 minučių laikykite šaldytuve, tada supjaustykite į 6 dalis.
g) Sluoksniuokite kepimo lėkštę pergamentiniu lakštu.
h) Įdėkite mėlynių skilteles į išklotą kepimo lėkštę.
i) Perkelkite paplotėlius į „Air Fryer Oven" ir uždarykite dureles.
j) Sukdami ratuką pasirinkite režimą „Kepimas".
k) Paspauskite mygtuką TIME/SLICES ir pakeiskite reikšmę į 25 minutes.
l) Paspauskite TEMP/SHADE mygtuką ir pakeiskite reikšmę į 400 °F.

m) Norėdami pradėti gaminti, paspauskite Start/Stop.
n) Patiekite šviežią.

4. Macadamia citrinų puodeliai

INGRIDIENTAI:

- ½ puodelio kokosų sviesto
- ½ puodelio makadamijos riešutų
- ½ puodelio kakavos sviesto
- ¼ puodelio kokosų aliejaus
- ¼ puodelio Swerve, miltelių pavidalo
- 1 valgomasis šaukštas citrinos žievelės, smulkiai tarkuotos
- 1 arbatinis šaukštelis Moringa miltelių

INSTRUKCIJOS:

a) Pradėkite plakdami visus ingredientus, išskyrus citrinos žievelę ir Moringą, minutę virtuviniu kombainu, kad jie visi susimaišytų.

b) Padalinkite mišinį į du dubenėlius. Prieš dalindami per pusę, jį reikia perpjauti kiek įmanoma vienodai.

c) Moringos milteliai turi būti dedami į atskirą dubenį. Tam tikrame patiekale sumaišykite citrinos žievelę ir kitus ingredientus.

d) Paruoškite 10 mini bandelių puodelių, iki pusės užpildydami juos Moringa mišiniu, o tada užpildami pusantro šaukšto citrinų mišinio. Atidėti. Prieš patiekdami įsitikinkite, kad jis bent valandą stovėjo šaldytuve.

5. Citrinų čiobrelių anglų bandelė

INGRIDIENTAI:

- Kukurūzų miltai, dulkėms valyti
- 1 valgomasis šaukštas citrinos žievelės
- 2 šaukštai granuliuoto cukraus
- 1 ½ stiklinės baltų viso grūdo miltų
- 1 ½ stiklinės universalių miltų
- 1 valgomasis šaukštas maltų šviežių čiobrelių
- 1 ½ šaukštelio druskos
- ¼ arbatinio šaukštelio kepimo sodos
- 1 valgomasis šaukštas aktyvių sausų mielių
- 1 puodelis nesaldinto paprasto migdolų pieno (arba pasirinkto pieno), pašildytas iki 120-130°F
- ⅓ puodelio vandens, pašildyto iki 120-130°F
- 2 šaukštai alyvuogių aliejaus

INSTRUKCIJOS:

a) Dubenyje sumaišykite citrinos žievelę ir granuliuotą cukrų. Sumaišykite juos, kol gerai susimaišys. Šis veiksmas padeda išlaisvinti citrinos skonį į cukrų.

b) Atskirame dideliame maišymo dubenyje suplakite baltus viso grūdo kvietinius miltus, universalius miltus, maltus šviežius čiobrelius, druską ir kepimo soda.

c) Pabarstykite aktyvias sausas mieles ant šilto migdolų pieno ir vandens mišinio. Leiskite pastovėti apie 5 minutes, kol suputos.

d) Į dubenį su miltų mišiniu supilkite mielių mišinį, taip pat supilkite citrininio cukraus mišinį ir alyvuogių aliejų. Viską maišykite, kol susidarys tešla.

e) Tešlą išverskite ant miltais pabarstyto paviršiaus ir minkykite apie 5 minutes, kol ji taps lygi ir elastinga.

f) Tešlą dėkite atgal į maišymo dubenį, uždenkite švariu virtuviniu rankšluosčiu ir palikite šiltoje vietoje kilti apie 1 valandą arba kol padvigubės.

g) Kai tešla pakils, sumuškite ir vėl išverskite ant miltais pabarstyto paviršiaus. Iškočiokite iki maždaug $\frac{1}{2}$ colio storio.

h) Naudodami apvalią pjaustyklę arba stiklinės kraštelį išpjaukite angliškus bandeles. Turėtumėte gauti apie 12 šovinių.

i) Kepimo skardą pabarstykite kukurūzų miltais ir ant jos sudėkite bandeles. Viršus apibarstykite papildomai kukurūzų miltais. Uždenkite juos virtuviniu rankšluosčiu ir palikite pailsėti apie 20-30 minučių.

j) Ant vidutinės ugnies įkaitinkite keptuvę arba didelę keptuvę. Kepkite bandeles maždaug 5-7 minutes iš kiekvienos pusės arba tol, kol jie taps auksinės rudos spalvos ir iškeps.

k) Iškepusius bandeles leiskite šiek tiek atvėsti, prieš suskaldydami šakute ir paskrudindami.

l) Patiekite savo naminius citrininius čiobrelių angliškus bandeles šiltus su mėgstamais užtepais ar priedais. Mėgautis!

6. Mėlynių citrinų sūrio pyragas avižos

INGRIDIENTAI:
- $\frac{1}{4}$ puodelio neriebaus graikiško jogurto
- 2 šaukštai mėlynių jogurto
- $\frac{1}{4}$ puodelio mėlynių
- 1 arbatinis šaukštelis tarkuotos citrinos žievelės
- 1 arbatinis šaukštelis medaus

INSTRUKCIJOS:

a) Sumaišykite avižas ir pieną 16 uncijų indelyje; viršų su norimais priedais.

b) Šaldykite per naktį arba iki 3 dienų; patiekti šaltai.

7. Mėlynių ir citrinos žievelės vafliai

INGRIDIENTAI:
- 2 puodeliai universalių miltų
- 2 šaukštai granuliuoto cukraus
- 1 valgomasis šaukštas kepimo miltelių
- ½ arbatinio šaukštelio druskos
- 1 citrinos žievelė
- 2 dideli kiaušiniai
- 1¾ stiklinės pieno
- ⅓ stiklinės nesūdyto sviesto, lydyto
- 1 arbatinis šaukštelis vanilės ekstrakto
- 1 puodelis šviežių mėlynių

INSTRUKCIJOS:
a) Įkaitinkite vaflinį lygintuvą pagal gamintojo instrukcijas.

b) Dideliame dubenyje sumaišykite miltus, cukrų, kepimo miltelius, druską ir citrinos žievelę.

c) Atskirame dubenyje išplakite kiaušinius. Įpilkite pieno, ištirpinto sviesto ir vanilės ekstrakto. Plakite, kol gerai susimaišys.

d) Supilkite šlapius ingredientus į sausus ingredientus ir maišykite, kol viskas susimaišys. Nepermaišykite; keli gumuliukai gerai.

e) Šviežias mėlynes švelniai įmaišykite į tešlą.

f) Lengvai patepkite vaflinę kepimo purkštuvu arba patepkite tirpintu sviestu.

g) Supilkite tešlą ant įkaitintos vaflinės keptuvės, naudodami rekomenduojamą kiekį pagal jūsų vaflinės keptuvės dydį.

h) Uždarykite dangtį ir kepkite, kol vafliai taps auksinės rudos spalvos ir traškūs.

i) Atsargiai išimkite vaflius iš lygintuvo ir perkelkite ant grotelių, kad šiek tiek atvėstų.
j) Kartokite procesą su likusia tešla, kol visi vafliai iškeps.
k) Mėlynių ir citrinos žievelės vaflius patiekite šiltus su šviežiomis mėlynėmis, pabarstykite cukraus pudra, šlakeliu klevų sirupo ar plaktos grietinėlės.

8. Mėlynių citrininiai kruasanai

INGRIDIENTAI:

- Pagrindinė kruasanų tešla
- ½ puodelio mėlynių
- 2 šaukštai granuliuoto cukraus
- 1 valgomasis šaukštas kukurūzų krakmolo
- 1 valgomasis šaukštas citrinos žievelės
- 1 kiaušinis išplaktas su 1 šaukštu vandens

INSTRUKCIJOS:

a) Kruasanų tešlą iškočiokite į didelį stačiakampį.

b) Nedideliame dubenyje sumaišykite mėlynes, cukrų, kukurūzų krakmolą ir citrinos žievelę.

c) Mėlynių mišinį tolygiai paskirstykite ant tešlos paviršiaus.

d) Tešlą supjaustykite trikampiais.

e) Kiekvieną trikampį iškočiokite į kruasano formą.

f) Kruasanus dėkite ant išklotos kepimo skardos, aptepkite kiaušinio plakiniu ir leiskite pakilti 1 val.

g) Įkaitinkite orkaitę iki 400°F (200°C) ir kepkite raguolius 20-25 minutes, kol taps auksinės rudos spalvos.

9. Citrinų mėtų arbata

INGRIDIENTAI:
- 1½ stiklinės verdančio vandens
- 3 arbatiniai šaukšteliai tirpios arbatos
- 6 šakelės mėtų
- 1 puodelis verdančio vandens
- 1 puodelis Cukraus
- ½ stiklinės citrinos sulčių

INSTRUKCIJOS:
a) Sumaišykite 1-½ puodelio verdančio vandens, tirpios arbatos ir mėtų.
b) S tiep, uždengtas, 15 minučių.
c) Sumaišykite 1 puodelį verdančio vandens, cukrų ir citrinos sultis.
d) Antrąjį mišinį nukošę sumaišykite su mėtų mišiniu.
e) Įpilkite 4 puodelius šalto vandens.

10. Citrinų sūrio bandelės

INGRIDIENTAI:
TEŠLA
- 1 puodelis vandens
- ¼ puodelio cukraus
- 1 didelis kiaušinis, gerai išplaktas
- 2 šaukštai sviesto
- ¾ arbatinio šaukštelio druskos
- 4 puodeliai duonos miltų
- 1 valgomasis šaukštas sauso pieno
- 1½ arbatinio šaukštelio aktyvių sausų mielių

UŽPILDYMAS
- 1 puodelis rikotos sūrio, dalis lieso pieno
- ¼ puodelio citrinos sulčių (iš 1 citrinos)
- ¼ puodelio cukraus
- ¼ arbatinio šaukštelio citrinos žievelės (iš 1 citrinos)

TOPPINGAS
- ½ puodelio konditerinio cukraus
- 1 arbatinis šaukštelis citrinos sulčių
- Vanduo (jei reikia norint pasiekti norimą konsistenciją)

INSTRUKCIJOS:
TEŠLA:
a) Į kepimo skardą išmatuokite tešlai skirtus ingredientus (išskyrus mieles).

b) Tvirtai patapšnokite indą, kad ingredientai išsilygintų, tada į miltų centrą pabarstykite mieles.

c) Tvirtai įstatykite kepimo skardą į duonos mašiną ir uždarykite dangtį.

d) Pasirinkite DOUGH nustatymą ir paspauskite Pradėti.

e) Aparatas pypsės ir užsidegs lemputė BAIGTA, kai tešla bus baigta.

f) Išimkite tešlą iš kepimo skardos.

UŽPILDYMAS:

g) Atskirame dubenyje sumaišykite visus įdaro ingredientus ir gerai išmaišykite.

SURINKIMAS:

h) Tešlą iškočiokite į 12x15 colių kvadratą.

i) Įdarą tolygiai paskirstykite ant tešlos.

j) Tešlą iškočiokite išilgai ir vyniotinį perpjaukite į 12 dalių.

k) Įdėkite į sviestu pateptą skardą nupjautąja puse žemyn.

l) Uždenkite tešlą ir palikite 15 minučių pastovėti.

KEPIMO:

m) Įkaitinkite orkaitę iki 375 ° F (190 ° C).

n) Kepkite bandeles 15-20 minučių arba tol, kol jos taps auksinės rudos spalvos.

o) Bandeles atvėsinkite ant kepimo grotelių.

PIRKAS:

p) Atskirame dubenyje sumaišykite visus užpilo ingredientus.

q) Įpilkite vandens po ½ arbatinio šaukštelio, kol pasieksite norimą konsistenciją.

r) Šaukštu užpilame ant atvėsusių bandelių.

s) Mėgaukitės savo naminėmis citrininio sūrio bandelėmis!

11. Citrininiai bandelės

INGRIDIENTAI:

- 1 visas kiaušinis
- 1 puodelis Carbquik
- 2 šaukštai Splenda (arba pagal skonį)
- 1 arbatinis šaukštelis tarkuotos citrinos žievelės
- $\frac{1}{4}$ puodelio citrinos sulčių
- $\frac{1}{8}$ puodelio vandens
- 1 valgomasis šaukštas aliejaus
- 1 valgomasis šaukštas aguonų (nebūtina)
- 1 arbatinis šaukštelis kepimo miltelių
- Žiupsnelis druskos

INSTRUKCIJOS:

a) Įkaitinkite orkaitę: Įkaitinkite orkaitę iki 400°F (200°C). Į kiekvieną iš 6 įprasto dydžio bandelių puodelių įdėkite po popierinį kepimo puodelį arba sutepkite tik jų dugną.

b) Išmaišykite tešlą: vidutinio dydžio dubenyje šiek tiek išplakite kiaušinį. Tada įmaišykite Carbquik, Splenda, tarkuotą citrinos žievelę, citrinos sultis, vandenį, aliejų, aguonas (jei naudojate), kepimo miltelius ir žiupsnelį druskos. Maišykite, kol mišinys tik sudrėkins; nepermaišyti.

c) Padalinkite tešlą: tolygiai paskirstykite bandelių tešlą tarp paruoštų bandelių puodelių.

d) Kepimas: Kepkite bandeles įkaitintoje orkaitėje 15–20 minučių arba tol, kol viršus taps auksinės spalvos. Pasibaigus kepimo laikui stebėkite juos, kad neperkeptumėte.

e) Baigę išimkite bandeles iš orkaitės ir leiskite joms keletą minučių atvėsti bandelės puodeliuose.

f) Perkelkite bandeles ant grotelių, kad visiškai atvėstų.

g) Mėgaukitės savo naminiais Carbquik citrininiais bandelėmis!

UŽKARTAI IR UŽKANDŽIAI

12. Citriny churros

INGRIDIENTAI:
- 1 puodelis vandens
- 2 šaukštai cukraus
- ½ arbatinio šaukštelio druskos
- 2 šaukštai augalinio aliejaus
- 1 puodelis universalių miltų
- 1 citrinos žievelė
- Augalinis aliejus kepimui
- ¼ puodelio cukraus (padengimui)
- 1 arbatinis šaukštelis malto cinamono (padengimui)
- Citrininis glajus (pagamintas su cukraus pudra ir citrinos sultimis)

INSTRUKCIJOS:
a) Puode sumaišykite vandenį, cukrų, druską ir augalinį aliejų. Mišinį užvirinkite.
b) Nukelkite puodą nuo ugnies ir suberkite miltus bei citrinos žievelę. Maišykite, kol susidarys tešlos rutulys.
c) Gilioje keptuvėje arba puode ant vidutinės ugnies įkaitinkite augalinį aliejų.
d) Perkelkite tešlą į maišelį su žvaigždute.
e) Supilkite tešlą į karštą aliejų, peiliu arba žirklėmis supjaustykite 4-6 colių ilgio gabalėliais.
f) Kepkite iki auksinės rudos spalvos iš visų pusių, retkarčiais apversdami.
g) Nuimkite churros iš aliejaus ir nusausinkite ant popierinio rankšluosčio.
h) Atskirame dubenyje sumaišykite cukrų ir cinamoną. Churros apvoliokite cinamono cukraus mišinyje, kol pasidengs.
i) Churros aptepkite citrininiu glaistu.

j) Citrininius churros patiekite šiltus.

13. Citriny Jalapeño Pretzel kąsneliai

INGRIDIENTAI:

- 1 valgomasis šaukštas alyvuogių aliejaus
- 3 jalapenos, išskobtos ir smulkiai pjaustytos
- Košerinė druska
- 2 (4 uncijos) pakeliai klinšo kąsnelių
- 4 uncijos grietinėlės sūrio, kambario temperatūroje
- $\frac{1}{2}$ arbatinio šaukštelio smulkiai tarkuotos citrinos žievelės
- 1 valgomasis šaukštas citrinos sulčių
- Šlakelis karšto padažo
- 1 uncija itin aštraus oranžinio Čedaro, stambiai sutarkuoto (apie ⅓ puodelio), ir dar daugiau pabarstymui
- 1 svogūnas, smulkiai pjaustytas, plius dar pabarstymui

INSTRUKCIJOS:

a) Įkaitinkite orkaitę iki 400°F. Kepimo skardą išklokite kepimo popieriumi.

b) Įkaitinkite vidutinę keptuvę ant vidutinės ugnies. Įpilkite alyvuogių aliejaus, tada jalapeňos ir ¼ arbatinio šaukštelio druskos. Virkite, retkarčiais pamaišydami, kol jalapeňos suminkštės, o tai užtruks apie 2 minutes. Nuimkite nuo ugnies.

c) Tuo tarpu, naudodami pjaustymo peilį ir dirbdami kampu, nuimkite kiekvieno klinšo viršų, palikdami 1 colio angą. nykščiu įstumkite į vidų ir aplinkui, kad nuspaustumėte kai kuriuos pyragėlius ir sukurtumėte didesnę angą.

d) Dubenyje sumaišykite grietinėlės sūrį, citrinos žievelės sultis ir karštą padažą. sulankstykite jalapeňos, cheddar ir laiškinius svogūnus. perkelkite mišinį į pakartotinai uždaromą plastikinį maišelį.

e) Nupjaukite maišelio kampą ir užpildykite kiekvieną klinģerį. perkelkite į paruoštą kepimo skardą, pabarstykite papildomai sūriu ir kepkite, kol sūris išsilydys, 5–6 minutes. jei norite, prieš patiekdami pabarstykite svogūnais.

14. Citrininiai batonėliai

INGRIDIENTAI:
DĖL PLUTOS:
- 1 puodelis (2 pagaliukai) nesūdyto sviesto, suminkštinto
- ½ puodelio granuliuoto cukraus
- 2 puodeliai universalių miltų
- Žiupsnelis druskos

CITRINŲ ĮDARUI:
- 4 dideli kiaušiniai
- 2 puodeliai granuliuoto cukraus
- ⅓ puodelio universalių miltų
- ½ puodelio šviežiai spaustų citrinų sulčių (apie 4 citrinos)
- 2 citrinų žievelė
- Cukraus pudros (dulkams)

INSTRUKCIJOS:
DĖL PLUTOS:
a) Įkaitinkite orkaitę iki 350 ° F (175 ° C). 9x13 colių kepimo formą ištepkite riebalais.

b) Dubenyje sumaišykite minkštą sviestą ir granuliuotą cukrų.

c) Palaipsniui suberkite miltus ir druską, maišykite, kol pasidarys trapi tešla.

d) Tešlą tolygiai įspauskite į paruoštos kepimo formos dugną.

e) Kepkite įkaitintoje orkaitėje 15-20 minučių arba kol kraštai taps švelniai auksiniai. Išimkite iš orkaitės ir atidėkite į šalį.

CITRINŲ ĮDARUI:

f) Atskirame dubenyje suplakite kiaušinius, granuliuotą cukrų, miltus, citrinos sultis ir citrinos žievelę, kol gerai susimaišys.

g) Iškepusią plutą užpilti citrinų mišiniu.

h) Grąžinkite indą į orkaitę ir kepkite dar 20-25 minutes arba tol, kol citrinos įdaras sustings ir švelniai purtant keptuvę nebesvirduliuoja.

i) Leiskite citrinų batonėliams visiškai atvėsti keptuvėje.

j) Kai atvės, viršų pabarstykite cukraus pudra ir supjaustykite kvadratėliais.

15. Citrininiai krekeriai

INGRIDIENTAI:

- 2½ stiklinės cukraus
- 1 puodelis Sutrumpinimas
- 2 šaukštai Bakers Amoniako
- 1 arbatinis šaukštelis citrinų aliejaus
- 2 Kiaušiniai
- 2 šaukštai pieno (naujas)
- 1 litras pieno (naujas)
- Miltai

INSTRUKCIJOS:

a) Pradėkite mirkydami kepėjo amoniaką per naktį puslitre pieno.

b) Atskirame dubenyje atskirai išplakite kiaušinius ir į trynius įpilkite 2 šaukštus pieno.

c) Dideliame dubenyje sumaišykite cukrų, cukrų, išmirkytą amoniaką, citrinų aliejų ir išplaktus kiaušinius su pienu.

d) Palaipsniui suberkite tiek miltų, kad tešla būtų standi.

e) Tešlą plonai iškočiokite ir gerai subadykite šakute.

f) Kepkite, bet originaliame recepte nenurodyta konkreti temperatūra ar kepimo laikas. Galite pabandyti kepti juos 425 °F (220 °C) temperatūroje, kol taps auksinės rudos spalvos. Stebėkite juos, kad neperkeptumėte.

g) Šie citrinų krekeriai, nors ir neturi specialių temperatūros ir laiko nurodymų, yra unikalus skanėstas su citrinos skoniu.

h) Mėgaukitės eksperimentuodami su kepimo laiku ir temperatūra, kad pasiektumėte norimą tekstūrą ir spalvą.

16. Citrininiai pipirai Pita traškučiai

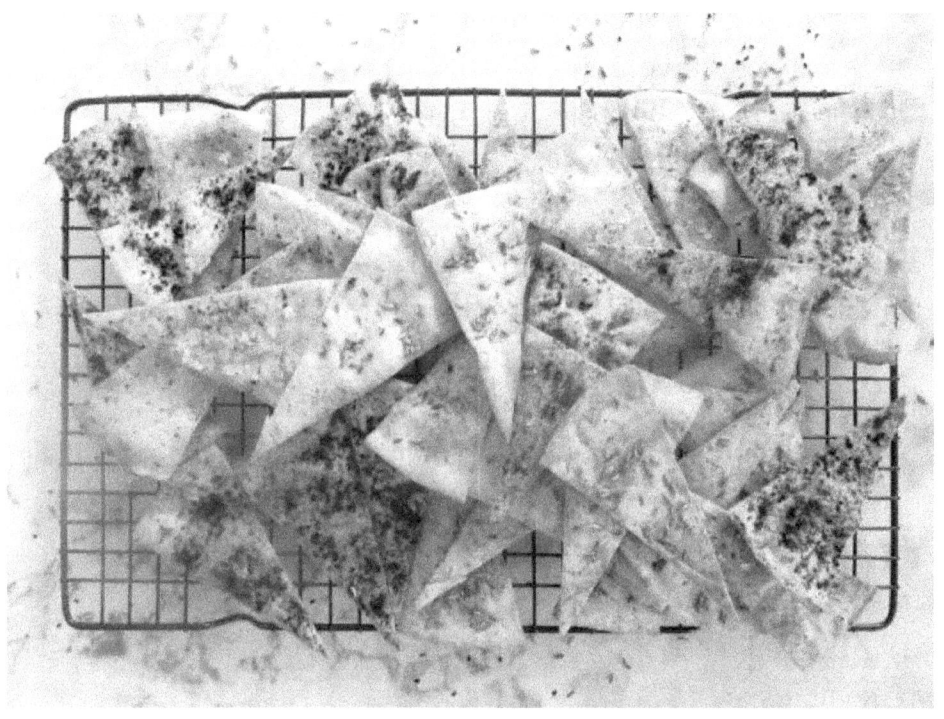

INGRIDIENTAI:

- 4 pita duonos gabalėliai
- 2 šaukštai alyvuogių aliejaus
- 1 citrinos žievelė
- 1 arbatinis šaukštelis juodųjų pipirų
- ½ arbatinio šaukštelio druskos

INSTRUKCIJOS:

a) Įkaitinkite orkaitę iki 375 ° F (190 ° C).

b) Supjaustykite pita duonos apskritimus į mažus trikampius arba norimas formas.

c) Nedideliame dubenyje sumaišykite alyvuogių aliejų, citrinos žievelę, juoduosius pipirus ir druską.

d) Abi pita trikampio puses aptepkite alyvuogių aliejaus mišiniu.

e) Ant kepimo popieriumi išklotos skardos išdėliokite pita trikampius.

f) Kepkite 10-12 minučių arba kol taps traškūs ir švelniai auksiniai.

g) Prieš patiekdami leiskite traškučiams atvėsti.

17. Citrinų varškės pyragas

INGRIDIENTAI:

- 2 puodeliai universalių miltų
- ¼ puodelio granuliuoto cukraus
- 1 valgomasis šaukštas kepimo miltelių
- ½ arbatinio šaukštelio druskos
- ½ puodelio nesūdyto sviesto, šalto ir supjaustyto kubeliais
- ¾ puodelio pasukų
- 1 arbatinis šaukštelis vanilės ekstrakto
- Citrinos žievė
- Šviežios avietės
- Šviežios braškės, supjaustytos
- Plakta grietinėlė, patiekimui

INSTRUKCIJOS:

a) Įkaitinkite orkaitę iki 425 ° F (220 ° C).
b) Dideliame dubenyje sumaišykite miltus, cukrų, kepimo miltelius ir druską.
c) Į sausus ingredientus sudėkite šaltą kubeliais supjaustytą sviestą. Konditerijos pjaustytuvu arba pirštais supjaustykite sviestą į miltų mišinį, kol jis taps panašus į stambius trupinius.
d) Mišinio centre padarykite duobutę ir supilkite pasukas bei vanilės ekstraktą. Maišykite, kol tik susimaišys.
e) Tešlą išverskite ant miltais pabarstyto paviršiaus ir keletą kartų švelniai minkykite, kol susimaišys.
f) Supjaustykite tešlą į 1 colio storio apskritimą ir sausainių pjaustykle išpjaukite pyragus.
g) Sudėkite pyragėlius ant kepimo skardos, išklotos pergamentiniu popieriumi.
h) Kepkite 12-15 minučių arba iki auksinės rudos spalvos.

i) Išimkite iš orkaitės ir leiskite jiems šiek tiek atvėsti.

j) Perpjaukite pyragus per pusę horizontaliai. Apatinę pusę užtepkite citrinų varške, tada uždėkite sluoksnį šviežių aviečių ir griežinėliais pjaustytų braškių. Ant viršaus uždėkite kitą pyrago pusę ir patiekite su plakta grietinėle.

18. Citrininė verbena Madeleines

INGRIDIENTAI:
- 2 puodeliai Nesijotų pyrago miltų
- 1 arbatinis šaukštelis Kepimo milteliai
- $\frac{1}{2}$ arbatinio šaukštelio druskos
- 1 puodelis nesūdyto sviesto, kambario temperatūros
- 1⅔ stiklinės granuliuoto cukraus
- 5 dideli kiaušiniai
- 1 $\frac{1}{2}$ arbatinio šaukštelio vanilės ekstrakto
- Citrinų verbenų sirupas (receptas toliau)
- Citrinų verbenų sirupas:
- $\frac{1}{2}$ stiklinės vandens
- $\frac{1}{2}$ stiklinės granuliuoto cukraus
- $\frac{1}{4}$ puodelio Šviežių citrininės verbenos lapų, lengvai supakuotų (arba 2 šaukštai džiovintų citrininės verbenos lapų)

INSTRUKCIJOS:
a) Įkaitinkite orkaitę iki 325 laipsnių pagal Farenheitą (160 laipsnių Celsijaus) ir padėkite lentyną orkaitės centre. Madeleine keptuves ištepkite minkštu sviestu ir pabarstykite miltais, išsukite miltų perteklių. Atidėti.

b) Į dubenį persijokite pyrago miltus, kepimo miltelius ir druską. Atidėkite sausą mišinį į šalį.

c) Dubenyje su elektriniu plaktuvu su mentelėmis išplakite nesūdytą sviestą, kol jis taps minkštas ir purus.

d) Į sviestą palaipsniui įpilkite granuliuoto cukraus ir toliau plakite, kol mišinys taps labai lengvas ir kreminis.

e) Į masę po vieną įmuškite kiaušinius, kiekvieną kartą gerai išplakdami. Įmaišykite vanilės ekstraktą.

f) Sausų miltų mišinį palaipsniui įmaišykite į šlapią tešlą, kol viskas gerai susimaišys.

g) Mentele supilkite tešlą į paruoštas Madeleine formeles, visiškai išlyginkite. Keptuvės kraštus nuvalykite popieriniu rankšluosčiu.

h) Madeleines kepkite įkaitintoje orkaitėje apie 10-15 minučių arba tol, kol pyragaičiai pakils ir taps auksinės spalvos. Įdėkite testerį į Madeleine centrą; jie turi išeiti švarūs, kai jie visiškai iškeps.

i) Išimkite Madeleines iš orkaitės ir pastumkite peiliu aplink šonus, kad jos atsilaisvintų. Išmeskite pyragus ant grotelių dešine puse į viršų.

j) Kol Madlenos dar šiltos, kiekvieno pyrago viršuje plonu iešmeliu pradurkite skylutę.

k) Paruoškite citrinų verbenų sirupą: nedideliame puode sumaišykite vandenį, granuliuotą cukrų ir šviežius citrininės verbenos lapus. Mišinį užvirinkite, maišykite, kol cukrus ištirps. Nukelkite puodą nuo ugnies ir palikite sirupą virti apie 10 minučių. Nukoškite sirupą, kad pašalintumėte citrininės verbenos lapus.

l) Kiekvieną Madeleine užpilkite po 1 arbatinį šaukštelį šilto citrinų verbenų sirupo, kad jis įsigertų ir užkrėstų pyragus nuostabiu skoniu.

m) Leiskite Madeleines visiškai atvėsti, tada laikykite juos hermetiškame inde.

n) Mėgaukitės šiomis nuostabiomis citrininės verbenos Madeleines, užpiltomis aromatinga citrininės verbenos esencija. Jie yra puikus skanėstas prie arbatos ar kavos, o kvapnus sirupas suteikia papildomo saldumo ir skonio. Likučius laikykite sandariame inde, kad išlaikytumėte jų šviežumą.

19. Lemon Brownies

INGRIDIENTAI:

- 1 stiklinė nesūdyto sviesto, lydyto
- 2 puodeliai granuliuoto cukraus
- 4 dideli kiaušiniai
- 1 arbatinis šaukštelis vanilės ekstrakto
- 1 valgomasis šaukštas citrinos žievelės
- 2 šaukštai šviežių citrinų sulčių
- 1 ½ stiklinės universalių miltų
- ½ arbatinio šaukštelio druskos
- ½ stiklinės cukraus pudros (apibarstymui)

INSTRUKCIJOS:

a) Įkaitinkite orkaitę iki 350 ° F ir sutepkite 9x13 colių kepimo indą.

b) Dideliame dubenyje sumaišykite ištirpintą sviestą ir granuliuotą cukrų, kol gerai susimaišys.

c) Įmuškite kiaušinius, vanilės ekstraktą, citrinos žievelę ir citrinos sultis ir išmaišykite iki vientisos masės.

d) Atskirame dubenyje sumaišykite miltus ir druską.

e) Palaipsniui supilkite sausus ingredientus į šlapius ingredientus, maišykite, kol viskas susimaišys.

f) Tešlą supilkite į paruoštą kepimo formą ir tolygiai paskirstykite.

g) Kepkite 25-30 minučių arba tol, kol į vidurį įsmeigtas dantų krapštukas išsiskirs su keliais drėgnais trupiniais.

h) Leiskite pyragams visiškai atvėsti.

i) Viršų pabarstykite cukraus pudra.

j) Supjaustykite kvadratėliais ir patiekite.

20. Mini citrinų batonėliai

INGRIDIENTAI:

- 1 puodelis universalių miltų
- ¼ puodelio cukraus pudros
- ½ stiklinės nesūdyto sviesto, suminkštinto
- 2 dideli kiaušiniai
- 1 puodelis granuliuoto cukraus
- 2 šaukštai universalių miltų
- ¼ arbatinio šaukštelio kepimo miltelių
- 2 šaukštai citrinos sulčių
- 1 citrinos žievelė
- Cukraus pudros (dulkams)

INSTRUKCIJOS:

a) Įkaitinkite orkaitę iki 350°F (175°C).

b) Dubenyje sumaišykite 1 puodelį miltų, ¼ puodelio cukraus pudros ir minkštą sviestą iki trupinių.

c) Paspauskite mišinį į riebalais išteptos 8x8 colių kepimo formos dugną.

d) Kepkite plutą 15-20 minučių arba iki šviesiai auksinės rudos spalvos.

e) Kitame dubenyje suplakite kiaušinius, granuliuotą cukrų, 2 šaukštus miltų, kepimo miltelius, citrinos sultis ir citrinos žievelę, kol gerai susimaišys.

f) Iškepusią plutą užpilti citrinų mišiniu.

g) Kepkite dar 20-25 minutes arba kol viršus sustings ir švelniai paruduos.

h) Leiskite mini citrinų batonėliams visiškai atvėsti, tada supjaustykite juos kąsnio dydžio kvadratėliais.

i) Prieš patiekdami apibarstykite viršūnes cukraus pudra.

21. Limonadiniai triufeliai

INGRIDIENTAI:

- 26 uncijos baltojo šokolado, padalinta
- 6 šaukštai sviesto
- 1 valgomasis šaukštas citrinos žievelės
- 1 arbatinis šaukštelis citrinos sulčių
- ⅓ arbatinio šaukštelio vyno rūgšties Žiupsnelis druskos
- 2 šaukštai braškių konservų

INSTRUKCIJOS:

a) Temperuokite visą baltąjį šokoladą naudodami čia pateiktą metodą ir patikrinkite, ar esate geros nuotaikos, ant prekystalio ištepdami šiek tiek šokolado.
b) Tai turėtų būti nustatyta per 2 minutes. Atidėkite 16 uncijų.
c) Sviestą suminkštinkite mikrobangų krosnelėje ir minkykite pergamentinio popieriaus pagalvėje (žr. čia), kol sviestas bus šiltas ir veido kremo konsistencija.
d) Sumaišykite sviestą su 10 uncijų grūdinto šokolado, kol mišinys gerai susimaišys ir atrodys šilkinis.
e) Sudėkite likusius ingredientus ir gerai išmaišykite.
f) Supilkite ganache į 1 colio kvadratines formas.
g) Palikite stovėti ant stalviršio arba padėkite į šaldytuvą 20 minučių, kad sustingtų.
h) Jie yra paruošti panardinti, kai ganache švariai išlips iš formos.
i) Dviejų šakų panardinimo šakute pamerkite triufelius į likusius 16 uncijų grūdinto baltojo šokolado.
j) Papuoškite ant kiekvieno triufelio, prieš panardindami kitą, uždėdami rausvos ir geltonos spalvos kakavos sviesto.
k) Palikite vėsioje vietoje 10-20 minučių, prieš nuimdami perkėlimo lapą.

l) Laikyti iki 3 savaičių kambario temperatūroje tamsioje vietoje nuo kvapo ir karščio.

DESERTAS

22. Citrininio veidrodinio glazūros makaronai

INGRIDIENTAI:
DĖL MACARON KELIŲ:
- 1 puodelis migdolų miltų
- 1 puodelis cukraus pudros
- 2 dideli kiaušinių baltymai, kambario temperatūros
- ¼ puodelio granuliuoto cukraus
- 1 citrinos žievelė
- Geltoni maistiniai dažai (neprivaloma)

CITRININĖS VARŠKĖS Įdarui:
- 2 citrinų sultys
- 1 citrinos žievelė
- ½ puodelio granuliuoto cukraus
- 2 dideli kiaušiniai
- 4 šaukštai (56 g) nesūdyto sviesto, kubeliais

CITRINŲ VEIDORO GLAZUI:
- ½ puodelio vandens
- 1 puodelis granuliuoto cukraus
- ½ puodelio šviesaus kukurūzų sirupo
- ½ puodelio (60 g) nesaldintų citrinų sulčių
- 2 šaukštai želatinos miltelių
- Geltoni maistiniai dažai (neprivaloma)

INSTRUKCIJOS:
MACARON KELIŲ GAMYBA:

a) Dvi kepimo skardas išklokite pergamentiniu popieriumi arba silikoniniais kepimo kilimėliais.

b) Virtuvės kombainu sumaišykite migdolų miltus ir cukraus pudrą. Pulsuokite, kol gerai susimaišys ir bus plonos tekstūros. Perkelkite į didelį maišymo dubenį.

c) Kitame dubenyje plakite kiaušinių baltymus, kol jie taps purūs. Plakdami palaipsniui įpilkite granuliuoto cukraus.

Plakite, kol susidarys standžios smailės. Pasirinktinai įlašinkite kelis lašus geltono gelio maistinių dažų ir citrinos žievelės ir maišykite, kol pasiskirstys tolygiai.

d) Mentele švelniai įmaišykite migdolų miltų mišinį į kiaušinių baltymų mišinį. Sulenkite, kol tešla taps vientisa ir pasidarys juostelės konsistencija. Būkite atsargūs, kad nepermaišytumėte.

e) Perkelkite macaron tešlą į maišelį su apvaliu antgaliu.

f) Ant paruoštų kepimo skardų sudėkite mažus apskritimus (apie 1 colio skersmens), palikdami tarpą tarpų. Bakstelėkite kepimo skardas į stalviršį, kad išsiskirtų oro burbuliukai.

g) Palikite macaronus kambario temperatūroje apie 30 minučių, kol ant paviršiaus susidarys odelė. Šis žingsnis yra labai svarbus norint pasiekti sklandų apvalkalą.

h) Kol macarons ilsisi, įkaitinkite orkaitę iki 300 °F (150 °C).

i) Kepkite macarons 15 minučių, pusiaukelėje apversdami kepimo skardas.

j) Išimkite macarons iš orkaitės ir leiskite jiems keletą minučių atvėsti ant kepimo skardos, prieš perkeldami ant grotelių, kad visiškai atvėstų.

CITRININIO VARŠKĖS ĮDAŽO GAMINIMAS:

k) Puode sumaišykite citrinos sultis, citrinos žievelę, granuliuotą cukrų ir kiaušinius. Plakite ant vidutinės ugnies, kol masė sutirštės, maždaug 5-7 minutes.

l) Nukelkite puodą nuo ugnies ir supilkite kubeliais supjaustytą sviestą, kol jis visiškai susimaišys.

m) Supilkite citrinų varškę į dubenį, uždenkite plastikine plėvele (tiesiogiai liesdami paviršių, kad nesusidarytų odelė) ir šaldykite, kol atvės ir sustings, maždaug 1 valandą.

MAKARONŲ SURINKIMAS:

n) Suderinkite macaron lukštus į panašaus dydžio poras.

o) Užpildykite maišelį citrininės varškės įdaru ir užpilkite nedidelį kiekį ant vieno macaron lukšto iš kiekvienos poros.

p) Švelniai paspauskite antrą apvalkalą viršuje, kad sukurtumėte sumuštinį. Pakartokite su likusiais macarons.

q) Citrininio veidrodinio glazūros gaminimas:

r) Mažame dubenyje sumaišykite želatinos miltelius su 2 šaukštais šalto vandens. Leiskite žydėti keletą minučių.

s) Puode sumaišykite vandenį, granuliuotą cukrų ir kukurūzų sirupą. Visą laiką maišydami užvirinkite ant vidutinės ugnies, kol cukrus ištirps.

t) Nukelkite mišinį nuo ugnies ir supilkite citrinos sultis, maišydami, kad susimaišytų.

u) Nužydėjusią želatiną supilkite į citrinų mišinį ir maišykite, kol želatina visiškai ištirps.

v) Jei norite, įlašinkite kelis lašus geltono gelio maistinių dažų, kad gautumėte ryškią citrinų spalvą.

MAKARONŲ STIKLINIMAS:

w) Ant kepimo skardos uždėkite groteles, kad sugautumėte glazūros perteklių.

x) Kiekvieną makaroną laikykite už viršaus, o apačią švelniai pamerkite į citrininį veidrodinį glajų. Leiskite glazūros perteliui nuvarvėti.

y) Glazūruotus macaronus dėkite ant grotelių, kad sustingtų apie 30 minučių, kol glajus sutvirtės.

z) Citrininio veidrodžio glazūros macarons laikykite sandariame inde šaldytuve iki trijų dienų. Mėgaukitės nuostabiais citrininiais skanėstais!

23. Pistacijos citrinos Éclairs

INGRIDIENTAI:
CANDUOTOMS CITRINĖMS (NEPRIVALOMA):
- 10 sunquats (mini citrinų)
- 2 puodeliai vandens
- 2 puodeliai cukraus

PISTACIJŲ PASTAI:
- 60 g nelukštentų pistacijų (neskrudintų)
- 10 g vynuogių kauliukų aliejaus

PISTAČIŲ-CITRINŲ PUTĖS KREMUI:
- 500 g pieno
- 2 citrinų žievelė
- 120 g trynio
- 120 g cukraus
- 40 g kukurūzų krakmolo
- 30 g pistacijų pastos (arba 45 g, jei pirkta parduotuvėje)
- 120 g minkšto sviesto (supjaustyto kubeliais)

PISTAČIŲ MARCIPANUI:
- 200 g marcipanų
- 15 g pistacijų pastos
- Žali maistiniai dažai (gelis)
- Truputis cukraus pudros

CHOUX TEŠNAI:
- 125 g sviesto
- 125 g pieno
- 125 g vandens
- 5 g cukraus
- 5 g druskos
- 140 g miltų
- 220 g kiaušinių

GLAZUI:

- 200 g nappage neutre (neutralus želė glajus)
- 100 g vandens
- Žali maistiniai dažai (gelis)

Puošybai:
- Sumaltos pistacijos

INSTRUKCIJOS:
CANDYTOS CITRINAS (NEPRIVALOMA):

a) Paruoškite ledo vonią (puodą su vandeniu ir ledu) ir atidėkite į šalį.

b) Aštriu peiliu supjaustykite plonus citrinos griežinėlius. Išmeskite sėklas.

c) Kitame puode užvirinkite vandenį. Nukelkite nuo ugnies ir nedelsdami sudėkite citrinos skilteles į karštą vandenį. Maišykite, kol griežinėliai suminkštės (apie minutę).

d) Karštą vandenį išpilkite per sietelį, tada citrinos skilteles sekundei įdėkite į ledo vonią. Su sieteliu išpilkite ledinį vandenį.

e) Dideliame puode ant stiprios ugnies sumaišykite vandenį ir cukrų. Maišykite, kol cukrus ištirps, tada užvirinkite.

f) Sumažinkite ugnį iki vidutinės ir žnyplėmis įdėkite citrinos skilteles į vandenį, kad jos plūduriuotų. Virkite ant silpnos ugnies, kol žievelė taps skaidri, maždaug 1,5 valandos.

g) Žnyplėmis išimkite citrinas ir padėkite ant vėsinimo grotelių. Po aušinimo grotelėmis padėkite kepimo popieriaus gabalėlį, kad sugautumėte nuo citrinos griežinėlių nuvarvėjusį sirupą.

PISTAČIŲ PASTA:

h) Įkaitinkite orkaitę iki 160°C (320°F).

i) Skrudinkite pistacijas ant kepimo skardos apie 7 minutes, kol jos šiek tiek paruduos. Leiskite jiems atvėsti.
j) Atvėsusias pistacijas sutrinkite iki miltelių nedideliu virtuviniu kombainu. Įpilkite aliejaus ir vėl sumalkite, kol pasidarys pasta. Iki naudojimo laikykite šaldytuve.
k) Pistacijų ir citrinų putėsių kremas:
l) Pieną užvirinkite. Išjunkite ugnį, suberkite citrinos žievelę, uždenkite ir leiskite pastovėti 10 minučių.
m) Dubenyje sumaišykite kiaušinių trynius ir cukrų. Nedelsdami išplakite, tada suberkite kukurūzų krakmolą ir vėl išplakite.
n) Plakant įpilkite šilto pieno. Supilkite mišinį per sietelį į švarų puodą, išmeskite sietelyje likusias citrinos žieveles.
o) Kaitinkite ant vidutinės ugnies ir plakite, kol masė sutirštės ir taps kreminė. Nuimkite nuo ugnies.
p) Perkelkite grietinėlę į dubenį, kuriame yra pistacijų pasta. Plakite iki vientisos masės. Uždenkite plastikine plėvele, kad nesusidarytų pluta, ir atšaldykite.
q) Kai kremas pasieks 40°C (104°F), palaipsniui įpilkite minkšto sviesto ir gerai išmaišykite. Uždenkite plastikine plėvele ir atšaldykite.

CHOUX pyragas:
r) Miltus persijokite ir atidėkite į šalį.
s) Į puodą supilkite sviestą, pieną, vandenį, cukrų ir druską. Kaitinkite ant vidutinio stiprumo, kol sviestas ištirps ir mišinys užvirs.
t) Nukelkite nuo ugnies, iš karto suberkite visus miltus ir gerai išmaišykite, kol susidarys vienalytė masė, panaši į bulvių košę. Tai yra panadų mišinys.

u) Panadą maždaug minutę džiovinkite ant silpnos ugnies, maišydami mentele, kol pradės trauktis nuo puodo šonų ir sustings.

v) Panadą perkelkite į maišymo dubenį ir šiek tiek atvėsinkite. Atskirame dubenyje išplakite kiaušinius ir pamažu supilkite juos į maišytuvą, prieš įdėdami daugiau, palaukdami, kol susimaišys.

w) Maišykite mažu ir vidutiniu greičiu, kol tešla taps lygi, blizgi ir stabili.

x) Įkaitinkite orkaitę iki 250°C (480°F). Kepimo skardą išklokite pergamentiniu popieriumi arba plonu sviesto sluoksniu.

y) Ant padėklo sudėkite 12 cm ilgio tešlos juosteles. Kepimo metu neatidarykite orkaitės durelių.

z) Po 15 minučių šiek tiek praverkite orkaitės dureles (apie 1 cm), kad išeitų garai. Uždarykite jį ir nustatykite 170°C (340°F) temperatūrą. Kepkite 20-25 minutes, kol eklerai paruduos.

aa) Pakartokite su likusia tešla.

PISTAČIŲ MARCIPANAS:

bb) Marcipaną supjaustykite kubeliais ir plakite plaktuvu iki minkštos ir vientisos masės. Įpilkite pistacijų pastos ir žalių maistinių dažų (jei norite) ir maišykite iki vientisos masės.

cc) Iškočiokite marcipaną iki 2 mm storio ir supjaustykite juosteles, kad tiktų eklerai.

SURINKIMAS:

dd) Kiekvieno eklero apačioje iškirpkite dvi mažas skylutes.

ee) Kiekvieną eklerą per skylutes užpildykite pistacijų ir citrinų kremu.
ff) Vieną kiekvienos marcipaninės juostelės pusę patepkite šiek tiek glazūros ir pritvirtinkite prie eklerų.
gg) Kiekvieną eklerą pamerkite į glajų, kad nuvarvėtų glazūros perteklius.
hh) Papuoškite cukruotomis citrinos griežinėliais arba kapotomis pistacijomis.
ii) Šaldykite, kol paruošite patiekti.

24. Goji, pistacijų ir citrinų pyragas

INGRIDIENTAI:
ŽALIAI VEGANAI PISTAČIŲ PLUTELEI:
- 1½ puodelio migdolų miltų arba migdolų miltų
- ½ puodelio pistacijų
- 3 pasimatymai
- 1½ šaukšto kokosų aliejaus
- ½ arbatinio šaukštelio malto kardamono miltelių
- ⅛ arbatinio šaukštelio druskos

UŽPILDYMAS:
- 1½ stiklinės kokosų grietinėlės
- 1 puodelis citrinos sulčių
- 1 valgomasis šaukštas kukurūzų krakmolo
- 2 arbatiniai šaukšteliai agaro-agaro
- ¼ puodelio klevų sirupo
- ½ arbatinio šaukštelio maltos ciberžolės miltelių
- 1 arbatinis šaukštelis vanilės ekstrakto
- ½ arbatinio šaukštelio goji ekstrakto

PRIEDAI:
- sauja goji uogų
- Drakono vaisius
- valgomos gėlės
- šokoladinės širdelės

INSTRUKCIJOS:
TART SHELL
a) Migdolų miltus ir pistacijas sutrinkite virtuviniu kombainu / trintuvu iki smulkių trupinių.

b) Sudėkite likusius plutos ingredientus ir gerai išmaišykite, kol gausite vienalytę lipnią masę.

c) Tešlą supilkite į torto formą ir tolygiai paskirstykite ant pagrindo.

d) Palikite atvėsti šaldytuve, kol ruošite įdarą.
UŽPILDYMAS
e) Įkaitinkite kokosų grietinėlę vidutinio dydžio puode, gerai išmaišykite iki vientisos masės.

f) Sudėkite likusius įdaro ingredientus, įskaitant kukurūzų krakmolą ir agaro agarą.

g) Nuolat maišydami užvirinkite ir virkite kelias minutes, kol ims tirštėti.

h) Kai mišinys sutirštės, nukelkite nuo ugnies ir palikite atvėsti 10-15 minučių.

i) Tada užpilkite ant plutos ir palikite visiškai atvėsti.

j) Padėkite į šaldytuvą bent porai valandų, kol įdaras visiškai sustings.

k) Papuoškite goji uogomis, drakono vaisių kamuoliukais ir valgomomis gėlėmis arba mėgstamais priedais.

25. Citrinų meringue-pistacijų pyragas

INGRIDIENTAI:

- 1 porcija Pistacijų Crunch
- ½ uncijos ištirpusio baltojo šokolado
- 1⅓ puodelio citrinų varškės
- 1 puodelis cukraus
- ½ puodelio vandens
- 3 kiaušinių baltymai
- ¼ puodelio citrinų varškės

INSTRUKCIJOS:

a) Supilkite pistacijų traškumą į 10 colių pyrago formą. Pirštais ir delnais stipriai įspauskite traškutį į pyrago formą, įsitikinkite, kad dugnas ir šonai yra tolygiai padengti. Atidėkite į šalį, kol gaminsite įdarą; suvyniotą į plastiką, plutą galima laikyti šaldytuve, iki 2 savaičių.

b) Teptuku konditeriniu šepetėliu nudažykite ploną baltojo šokolado sluoksnį ant plutos dugno ir šonų. Įdėkite plutą į šaldiklį 10 minučių, kad šokoladas sustingtų.

c) Į nedidelį dubenį įdėkite 1⅓ puodelio citrinos varškės ir maišykite, kad šiek tiek atsipalaiduotų. Supilkite citrinų varškę į plutą ir šaukšto ar mentele paskirstykite ją lygiu sluoksniu. Įdėkite pyragą į šaldiklį maždaug 10 minučių, kad padidėtų citrininės varškės sluoksnis.

d) Tuo tarpu mažame puode su storu dugnu sumaišykite cukrų ir vandenį ir švelniai sutrinkite cukrų vandenyje, kol pasijus kaip šlapias smėlis. Puodą uždėkite ant vidutinės ugnies ir mišinį pašildykite iki 239 °F, stebėdami temperatūrą momentinio skaitymo ar saldainių termometru.

e) Kol cukrus šyla, sudėkite kiaušinių baltymus į maišytuvo dubenį ir su šluotele pradėkite plakti iki vidutinio minkštumo.

f) Kai cukraus sirupas pasieks 239°F, nukelkite jį nuo ugnies ir labai atsargiai supilkite į plakamus kiaušinių baltymus, vengdami plakimo: prieš tai darydami sumažinkite mikserį iki labai mažo greičio, nebent norite įdomaus apdegimo. žymės ant veido.

g) Sėkmingai į kiaušinių baltymus sudėjus visą cukrų, vėl pasukite maišytuvo greitį ir leiskite meringue plakti, kol atvės iki kambario temperatūros.

h) Kol meringue plaka, įdėkite ¼ puodelio citrinos varškės į didelį dubenį ir mentele išmaišykite, kad šiek tiek atsilaisvintų.

i) Kai morengus atvės iki kambario temperatūros, išjunkite maišytuvą, išimkite dubenį ir mentele sulenkite meringue į citrinų varškę, kol nebeliks baltų dryžių, stenkitės, kad bevės neišpūstų.

j) Išimkite pyragą iš šaldiklio ir ant citrininės varškės supilkite citrininį meringue. Šaukštu lygiu sluoksniu paskleiskite meringue, visiškai padengdami citrininę varškę.

k) Patiekite arba laikykite pyragą šaldiklyje, kol jis bus paruoštas naudoti. Tvirtai suvyniotas į plastikinę plėvelę, vieną kartą kietai užšaldytas, šaldiklyje laikysis iki 3 savaičių. Prieš patiekdami pyragą palikite atitirpti per naktį šaldytuve arba bent 3 valandas kambario temperatūroje.

26. Citrininis braškių putėsių pyragas

INGRIDIENTAI:

- 1 puodelis universalių miltų 250 ml
- ⅓ puodelio skrudintų lazdyno arba pistacijų riešutų; smulkiai supjaustyta
- 2 šaukštai granuliuoto cukraus 25 ml
- ½ stiklinės nesūdyto sviesto; supjaustyti mažais gabalėliais 125 ml
- 1 Kiaušinio trynys 1
- 1 valgomasis šaukštas citrinos sulčių 15 ml
- 2 uncijos Naminis arba komercinis biskvitas 60 g
- 4 puodeliai Šviežių braškių 1 l
- 1 vokas be kvapiosios želatinos 1
- ¼ puodelio šalto vandens 50 ml
- 4 Kiaušinių tryniai 4
- ¾ puodelio granuliuoto cukraus; padalintas 175 ml
- ¾ puodelio citrinos sulčių 175 ml
- 1 valgomasis šaukštas Smulkiai tarkuotos citrinos žievelės 15 ml
- 4 uncijos grietinėlės sūris 125 g
- 1¾ puodelio Plakimo grietinėlė 425 ml
- Smulkinti skrudinti pistacijų riešutai
- Išsijotas cukraus pudra

INSTRUKCIJOS:

a) Įkaitinkite orkaitę iki 375F/190C.
b) Norėdami pagaminti pyragą, dideliame dubenyje sumaišykite miltus su riešutais ir granuliuotu cukrumi. Supjaustykite sviestą, kol jis taps mažais gabalėliais.
c) Kiaušinio trynį sumaišykite su citrinos sultimis. Pabarstykite miltų mišiniu ir surinkite tešlą į rutulį.

Susukite arba paspauskite, kad tilptų į 9 arba 10 colių/23 arba 25 cm spyruoklinės formos dugną.

d) Kepkite nuo 20 iki 25 minučių arba kol švelniai apskrus. Biskvitą sulaužykite mažais gabalėliais ir pabarstykite ant tešlos viršaus.

e) Viršuje pasilikite aštuonias geriausias braškes. Nulupkite likusias uogas.

f) Maždaug dvylika vienodo dydžio uogų perpjaukite per pusę ir išdėliokite jas aplink keptuvės kraštą, nupjautą uogų pusę prispaudę prie krašto. Likusias uogas išdėliokite taip, kad jos tilptų į keptuvės galiukus į viršų.

g) Norėdami pagaminti įdarą, nedideliame puode apšlakstykite želatiną šaltu vandeniu.

h) Leiskite suminkštėti 5 minutes. Švelniai kaitinkite, kol ištirps.

i) Vidutiniame puode iki šviesumo išplakite 4 kiaušinių trynius su ½ puodelio/125 ml granuliuoto cukraus. Įmuškite citrinos sultis ir nulupkite. Virkite nuolat maišydami, kol mišinys sutirštės ir užvirs. Įmaišykite ištirpintą želatiną. Saunus.

j) Dideliame dubenyje išplakite grietinėlės sūrį su likusiu ¼ puodelio / 50 ml granuliuoto cukraus. Įmuškite vėsų citrininį kremą.

k) Atskirame dubenyje iki šviesios išplakite grietinėlę. Supilkite į citrininį kremą.

l) Supilti ant uogų. Švelniai pakratykite keptuvę, kad citrinos mišinys patektų tarp uogų, o viršus būtų lygus. Šaldykite 3-4 valandas arba kol sustings.

m) Apveskite peilį aplink keptuvės kraštą ir nuimkite šonus.

n) Padėkite pyragą ant serviravimo lėkštės. (Spyruoklinės formos dugną nuimkite tik tada, jei jis lengvai atsitraukia.)

Ant pyrago viršaus išdėliokite 1 colio/2½ cm vaškuoto popieriaus juosteles, palikdami tarpus tarp jų.

o) Pabarstykite tarpus pistacijų riešutais. Atsargiai nuimkite popierių. Palikite lukštus ant rezervuotų uogų ir perpjaukite per pusę. Išdėstykite uogas eilėmis tuščiomis juostelėmis. Pabarstykite cukraus pudra.

p) Šaldykite, kol paruošite patiekti.

27. Citrininių vyšnių riešutų putėsiai

INGRIDIENTAI:
- ½ puodelio sveikų natūralių migdolų
- 1 vokas beskonio želatina
- 3 šaukštai citrinos sulčių
- 1 stiklinės granuliuoto cukraus; padalintas
- 1 skardinė (12 uncijų) išgarinto pieno
- 1 skardinė (21 uncija) vyšnių pyrago įdaras ir užpilas
- 2 arbatiniai šaukšteliai tarkuotos citrinos žievelės
- ¼ arbatinio šaukštelio migdolų ekstrakto
- 4 Kiaušinių baltymai

INSTRUKCIJOS:
a) Vienu sluoksniu paskleiskite migdolus ant kepimo skardos. Kepkite iki 350 laipsnių įkaitintoje orkaitėje 12-15 minučių, retkarčiais pamaišydami, kol lengvai apskrus. Atvėsinkite ir smulkiai supjaustykite.

b) Mažame storame puode apšlakstykite želatiną 3 šaukštais vandens. Palikite 2 minutes, kol želatina sugers vandenį.

c) Įmaišykite citrinos sultis ir ½ puodelio cukraus; maišykite mišinį ant silpnos ugnies, kol želatina ir cukrus visiškai ištirps ir skystis taps skaidrus.

d) Išgarintą pieną supilkite į didelį maišymo dubenį; įmaišykite vyšnių pyrago įdarą, citrinos žievelę ir migdolų ekstraktą. Įmaišykite ištirpintą želatinos mišinį, gerai išmaišykite.

e) Atvėsinkite, kol mišinys taps tirštas ir panašus į pudingą.

f) Kiaušinių baltymus išplakti iki šviesių ir purių putų. Palaipsniui suberkite likusį cukrų.

g) Tęskite plakimą, kol susidarys standžios bezės. Supilkite meringu į vyšnių mišinį. Švelniai suberkite smulkintus migdolus.

h) Šaukštu putėsių supilkite į 8 serviravimo dubenėlius. Prieš patiekdami uždenkite ir atvėsinkite mažiausiai 2 valandas arba per naktį.

28. Ledinis citrininis tortas su rabarbarų padažu

INGRIDIENTAI:

DĖL PLUTOS:
- 3 puodeliai blanširuotų smulkintų migdolų, skrudintų (apie 12 uncijų)
- ½ stiklinės cukraus
- 5 šaukštai margarino, lydyto
- ¼ arbatinio šaukštelio malto cinamono
- ⅓ puodelio braškių konservų

DĖL TORTE:
- 3 pintos citrinų arba ananasų ledo, šerbeto arba šerbeto
- 1 puodelis Cukraus
- ½ stiklinės vandens
- 1 vanilės pupelė, padalinta išilgai

BRAŠKIŲ-RABARBARŲ PADAŽUI:
- 1 20 uncijų maišelis šaldytų nesaldžių rabarbarų
- 1 20 uncijų maišelis šaldytų nesaldintų braškių
- 1 pintinė šviežių braškių krepšelis
- Šviežios mėtų šakelės (papuošimui)

INSTRUKCIJOS:

DĖL PLUTOS:

a) Virtuviniame kombaine sumaišykite skrudintus pjaustytus migdolus ir cukrų. Apdorokite, kol smulkiai supjaustysite.

b) Perkelkite migdolų ir cukraus mišinį į vidutinį dubenį.

c) Sumaišykite ištirpintą margariną ir maltą cinamoną į migdolų mišinį, kol gerai susimaišys.

d) Perkelkite migdolų mišinį į 9 colių skersmens spyruoklinę formą. Naudokite plastikinę plėvelę, kad padėtumėte migdolų mišinį tvirtai paspausti 2 colius į viršų iš šonų ir tolygiai ant keptuvės dugno. Užšaldykite plutą 15 minučių.

e) Įkaitinkite orkaitę iki 350 ° F (175 ° C). Padėkite keptuvę su pluta ant sausainių skardos ir kepkite 20 minučių arba tol, kol pluta sustings ir šviesiai auksinė. Jei kepimo metu slysta plutos šonai, šakutės nugara prispauskite jas į vietą.

f) Perkelkite keptuvę ant grotelių ir leiskite plutai visiškai atvėsti.

g) Ištirpinkite braškių konservus sunkiame mažame puode. Ištirpusius konservus supilkite į atvėsusią plutą ir paskleiskite, kad apsemtų dugną. Leiskite atvėsti.

DĖL TORTE:

h) Labai šiek tiek suminkštinkite citrinų ar ananasų ledą, šerbetą ar šerbetą ir paskleiskite jį keptuvėje ant plutos. Šaldykite iki standumo. Galite pasiruošti šiam žingsniui vieną dieną į priekį; tiesiog uždenkite ir užšaldykite.

BRAŠKIŲ-RABARBARŲ PADAŽUI:

i) Sunkaus vidutinio dydžio puode sumaišykite ½ puodelio cukraus ir ½ puodelio vandens. Iš vanilės ankšties išskobkite sėklas ir suberkite į puodą kartu su perskelta vanilės ankštimi. Troškinkite 5 minutes.

j) Įpilkite likusį ½ puodelio cukraus ir maišykite, kad ištirptų.

k) Į puodą suberkite rabarbarus. Užvirinkite, sumažinkite ugnį, uždenkite ir troškinkite, kol rabarbarai suminkštės, o tai turėtų trukti apie 8 minutes.

l) Sudėkite šaldytas braškes į puodą ir užvirinkite. Leiskite padažui atvėsti. Uždenkite ir šaldykite, kol gerai atšals. Šiam žingsniui taip pat galima pasiruošti vieną dieną į priekį.

m) Iš padažo išimkite vanilės ankštį.

SURINKIMAS:

n) Mažu aštriu peiliu įpjaukite tarp plutos ir keptuvės šonų. Nuimkite keptuvės šonus.

o) Šaukštą ½ puodelio braškių-rabarbarų padažo uždėkite ant torto vidurio.

p) Į centrą supilkite šviežias braškes ir papuoškite šviežiomis mėtų šakelėmis.

q) Tortą supjaustykite griežinėliais ir patiekite su papildomu padažu.

r) Mėgaukitės savo nuostabiu Lemon Torte su braškių rabarbarų padažu! Tai gaivus ir elegantiškas desertas.

29. Citrinų-rabarbarų debesų pudingas

INGRIDIENTAI:

- 1 ¼ stiklinės cukraus
- ¼ puodelio kukurūzų krakmolo
- ¼ arbatinio šaukštelio druskos
- 1 ¼ stiklinės vandens
- 4 Dideli kiaušiniai
- 1 puodelis kapotų šviežių arba šaldytų rabarbarų
- 1 valgomasis šaukštas tarkuotos citrinos žievelės
- ⅓ puodelio citrinų sulčių
- ¼ arbatinio šaukštelio totorių kremo

INSTRUKCIJOS:

a) 2 kvortų puode sumaišykite ¼ puodelio cukraus, kukurūzų krakmolo ir druskos. Palaipsniui įmaišykite vandenį vieliniu šluotele, kol kukurūzų krakmolas tolygiai pasiskirstys vandenyje.

b) Kaitinkite mišinį ant vidutinės ugnies nuolat maišydami, kol užvirs ir sutirštės, kad susidarytų pudingo konsistencija. Pudingą nukelkite nuo ugnies.

c) Atskirkite kiaušinius, baltymus sudėkite į vidutinio dydžio dubenį, o trynius - į nedidelį dubenį. Lengvai išplakite trynius ir įmaišykite šiek tiek pudingo. Tada supilkite trynių mišinį į pudingo puodą, maišykite, kol gerai susimaišys. Suberkite susmulkintus rabarbarus.

d) Mišinį grąžinkite ant vidutinės ugnies ir nuolat maišydami kaitinkite iki virimo. Sumažinkite ugnį iki minimumo ir toliau virkite, retkarčiais pamaišydami, kol rabarbarai suminkštės, o tai turėtų užtrukti apie 5 minutes.

e) Pudingą nukelkite nuo ugnies. Įmaišykite nutarkuotą citrinos žievelę ir citrinos sultis. Supilkite pudingą į negilų 1½ litrų orkaitės dubenį arba troškinimo indą.
f) Įkaitinkite orkaitę iki 350 ° F (175 ° C).
g) Elektriniu plaktuvu dideliu greičiu plakite kiaušinių baltymus ir grietinėlę, kol jie taps šviesūs ir purūs.
h) Palaipsniui supilkite likusį ½ puodelio cukraus, kol susidarys standus besė, o smailės išlaiko savo formą, kai plakiklis lėtai kyla.
i) Paskleiskite košę ant pudingo, įsitikinkite, kad ji priglunda prie dubens krašto. Ant meringue galite sukurti dekoratyvines smailes.
j) Kepkite įkaitintoje orkaitėje 12–15 minučių arba tol, kol meringue taps auksinės rudos spalvos.
k) Pudingą galite patiekti šiltą arba leisti jam atvėsti iki kambario temperatūros, o tada atšaldyti, kad patiektumėte šaltą.
l) Mėgaukitės skaniu citrinų-rabarbarų pudingu! Tai puikus desertas su puikiu saldžių ir aštrių skonių balansu.

30. Rabarbarų citrinų tofu pyragas

INGRIDIENTAI:

- 5 rabarbarų stiebai, nuplauti,
- 1 Granny Smith obuolys, nuluptas
- Keliolika didelių braškių
- 6 uncijos Tvirtas (sumažinto riebumo) tofu
- $\frac{1}{2}$ citrinos sultys
- $\frac{1}{4}$ puodelio + 2 T cukraus
- 2 šaukštai pilno grūdo kvietinių miltų
- 2 arbatiniai šaukšteliai Cukrus + 2 t nesmulkintų kviečių
- Miltai

INSTRUKCIJOS:

a) Į ryžių viryklę įpilkite šiek tiek vandens ir susmulkintus rabarbarų stiebus. Virkite uždengę keletą minučių. Sudėkite kubeliais pjaustytą obuolį, braškes ir $\frac{1}{4}$ c cukraus

b) Tofu sutrinkite virtuviniu kombainu arba smulkintuvu iki labai vientisos masės. Įpilkite citrinos sulčių, 2 T cukraus, 2 T pilno grūdo kvietinių miltų ir maišykite, kol gerai susimaišys.

c) 8 colių pyrago formą išklokite aliejumi ir pabarstykite, kad pasidengtų cukraus ir viso grūdo miltų mišiniu, maždaug po 2 t. Tofu mišinį paskleiskite į pyrago formą. Kepkite 400 F temperatūroje keletą minučių.

d) Rabarbarų mišinį supilkite į smulkų sietelį, nupilkite sultis. Likusį rabarbarų mišinį užpilkite ant iškepto citrininio tofu.

31. Citrinų sorbetas

INGRIDIENTAI:
- 1 puodelis šviežiai spaustų citrinų sulčių
- 1 puodelis vandens
- 1 puodelis granuliuoto cukraus

INSTRUKCIJOS:

a) Puode sumaišykite vandenį ir cukrų. Kaitinkite ant vidutinės ugnies, kol cukrus visiškai ištirps ir susidarys paprastas sirupas.

b) Leiskite paprastam sirupui atvėsti iki kambario temperatūros.

c) Šviežiai spaustas citrinos sultis sumaišykite su paprastu sirupu.

d) Supilkite mišinį į ledų gaminimo aparatą ir plakite pagal gamintojo nurodymus.

e) Citrinų šerbetą perkelkite į sandarų indą ir užšaldykite porą valandų, kol sutvirtės.

f) Patiekite nedidelį kaušelį citrinų šerbeto tarp patiekalų, kad išvalytumėte gomurį.

32. Mini citrininiai tartletai

INGRIDIENTAI:
DĖL TORTINŲ KELIŲ:
- 1 ¼ puodelio universalių miltų
- ¼ puodelio cukraus pudros
- ½ puodelio nesūdyto sviesto, šalto ir supjaustyto kubeliais

CITRINŲ ĮDARUI:
- ¾ puodelio granuliuoto cukraus
- 2 šaukštai kukurūzų krakmolo
- ¼ arbatinio šaukštelio druskos
- 3 dideli kiaušiniai
- ½ puodelio šviežiai spaustų citrinų sulčių
- 2 citrinų žievelė
- ¼ puodelio nesūdyto sviesto, supjaustyto kubeliais

INSTRUKCIJOS:
a) Virtuvės kombainu sumaišykite miltus ir cukraus pudrą. Sudėkite šaltą, kubeliais supjaustytą sviestą ir plakite, kol masė taps panaši į rupius trupinius.

b) Suspauskite mišinį į mini tartlečių formeles, tolygiai uždenkite dugną ir šonus. Apačias subadykite šakute.

c) Tortos lukštus atšaldykite šaldytuve apie 30 minučių.

d) Įkaitinkite orkaitę iki 350 ° F (175 ° C).

e) Kepkite pyrago lukštus 12-15 minučių arba tol, kol jie taps auksinės spalvos. Leiskite jiems visiškai atvėsti.

f) Puode sumaišykite cukrų, kukurūzų krakmolą ir druską. Palaipsniui įmuškite kiaušinius, citrinos sultis ir citrinos žievelę.

g) Virkite mišinį ant vidutinės-mažos ugnies, nuolat maišydami, kol sutirštės, apie 5-7 minutes.

h) Nukelkite nuo ugnies ir įmaišykite kubeliais sviestą iki vientisos masės.

i) Atvėsusius tartų kevalus užpildykite citrinų įdaru.

j) Prieš patiekiant palaikykite šaldytuve bent 1 valandą. Pasirinktinai prieš patiekdami pabarstykite cukraus pudra.

k) Mėgaukitės savo mini citrininiais tartletais!

33.Parfaits su citrininiu meringue pyragu

INGRIDIENTAI:

- 4 dideli kiaušinių baltymai
- 1 puodelis granuliuoto cukraus
- 1 arbatinis šaukštelis kukurūzų krakmolo
- 1 arbatinis šaukštelis vanilės ekstrakto
- 1 ½ puodelio citrinos varškės
- 1 ½ puodelio plaktos grietinėlės
- Citrinos žievelė papuošimui

INSTRUKCIJOS:

a) Švariame maišymo dubenyje dideliu greičiu plakite kiaušinių baltymus, kol susidarys minkštos smailės.

b) Palaipsniui suberkite cukrų, toliau plakdami, kol susidarys standžios, blizgios smailės.

c) Švelniai įmaišykite kukurūzų krakmolą ir vanilės ekstraktą.

d) Šaukštu supilkite meringue mišinį į maišelį su žvaigždute.

e) Į patiekimo taures ar dubenėlius sudėkite citrinų varškę, plaktą grietinėlę ir bezę.

f) Kartokite sluoksnius, kol stiklinės bus užpildytos, o ant viršaus uždėkite meringue sluoksnį.

g) Nebūtina: naudokite virtuvinį žibintuvėlį, kad švelniai paruduotų meringue.

h) Papuoškite citrinos žievele.

i) Patiekite iš karto arba laikykite šaldytuve, kol paruošite patiekti.

j) Mėgaukitės citrininio meringue pyrago parfė!

34. Citrinų ir levandų lėkštė

INGRIDIENTAI:

- 1 puodelis cukraus
- 1 ½ puodelio riebios grietinėlės
- ½ stiklinės nenugriebto pieno
- 6 dideli kiaušiniai
- ¼ arbatinio šaukštelio druskos
- ¼ puodelio šviežių citrinų sulčių
- 1 valgomasis šaukštas citrinos žievelės
- 2 arbatiniai šaukšteliai džiovintų levandų žiedų
- Patiekimui plakta grietinėle ir papildomai levandų žiedų

INSTRUKCIJOS:

a) Įkaitinkite orkaitę iki 325 ° F.
b) Vidutiniame puode ant vidutinės ugnies kaitinkite cukrų, nuolat maišydami, kol išsilydys ir taps auksinės rudos spalvos.
c) Supilkite ištirpintą cukrų į 9 colių plokščią formą, sukdami, kad padengtumėte formos dugną ir šonus.
d) Nedideliame puode ant vidutinės ugnies pakaitinkite grietinę, nenugriebtą pieną, citrinos sultis, citrinos žievelę ir levandų žiedus, nuolat maišydami, kol užvirs.
e) Atskirame dubenyje suplakite kiaušinius ir druską.
f) Karštą grietinėlės mišinį pamažu supilkite į kiaušinių masę, nuolat plakdami.
g) Mišinį perkoškite per ploną tinklelį sietelį ir supilkite į skardos formą.
h) Įdėkite formą į didelę kepimo indą ir užpildykite indą tiek karšto vandens, kad jis pakiltų iki pusės formos kraštų.
i) Kepkite 50–60 minučių arba tol, kol keptuvė sustings ir pakratant šiek tiek susvyruos.

j) Išimkite iš orkaitės ir leiskite atvėsti iki kambario temperatūros, prieš šaldydami bent 2 valandas arba per naktį.

k) Norėdami patiekti, apveskite peilį per formos kraštus ir apverskite jį ant serviravimo lėkštės. Patiekite su plakta grietinėle ir pabarstykite levandų žiedais.

35. Citrina Zabaglione

INGRIDIENTAI:

- 2 dideli kiaušiniai
- 6 dideli kiaušinių tryniai
- 1 puodelis cukraus
- 1 valgomasis šaukštas tarkuotos citrinos žievelės
- $\frac{1}{4}$ puodelio šviežių citrinų sulčių
- $\frac{1}{2}$ puodelio saldaus Madeiros, grietinėlės šerio arba rubino portfelio

INSTRUKCIJOS:

a) Viršutinėje dvigubo katilo dalyje sumaišykite sveikus kiaušinius, kiaušinių trynius ir cukrų. Plakite masę, kol ji taps šviesi ir tiršta.

b) Į kiaušinių mišinį įpilkite tarkuotos citrinos žievelės, šviežių citrinų sulčių ir pasirinktos saldžiosios Madeiros, grietinėlės šerio ar rubino.

c) Padėkite dvigubą katilą ant verdančio vandens, užtikrindami, kad kiaušinių mišinio dugnas nesiliestų su verdančiu vandeniu.

d) Toliau plakite ir plakite mišinį ant verdančio vandens, kol jo tūris padidės trigubai ir taps karštas liesti. Tai turėtų trukti kelias minutes.

e) Kai zabaglione sutirštės ir padidės tūris, nukelkite nuo ugnies.

f) Padalinkite citrininį zabaglione tarp aukštų stiklinių kotelių.

g) Patiekite iš karto, kad galėtumėte mėgautis nuostabiu citrininiu gėriu.

36. „Meyer Lemon" pyragas aukštyn kojomis

INGRIDIENTAI:

- ¼ puodelio (57 gramai) nesūdyto sviesto
- ¾ puodelio (165 gramų) supakuoto šviesiai rudojo cukraus
- 3 Meyer citrinos, supjaustytos ¼ colio storio
- 1 ½ puodelio (195 gramai) universalių miltų
- 1 ½ arbatinio šaukštelio kepimo miltelių
- ¼ arbatinio šaukštelio kepimo sodos
- ½ arbatinio šaukštelio košerinės druskos
- ¼ arbatinio šaukštelio šviežiai malto muskato riešuto
- ½ arbatinio šaukštelio malto imbiero
- ¼ arbatinio šaukštelio malto kardamono
- 1 puodelis (200 gramų) granuliuoto cukraus
- 2 arbatinius šaukštelius citrinos žievelės
- ½ puodelio (114 gramų) nesūdyto sviesto, kambario temperatūros
- 2 arbatiniai šaukšteliai vanilės ekstrakto
- 2 dideli kiaušiniai, kambario temperatūros
- ¾ puodelio pasukų

INSTRUKCIJOS:

a) Įkaitinkite orkaitę iki 350 laipsnių pagal Farenheitą (175 laipsnių Celsijaus). 9 colių apvalią pyrago formą įdėkite į orkaitę su ¼ puodelio gabalėliais supjaustyto sviesto. Keptuvėje ištirpinkite sviestą, kol jis tiesiog ištirps. Keptuvės šonus sutepkite tirpintu sviestu konditeriniu šepetėliu. Supakuotą šviesiai rudąjį cukrų tolygiai pabarstykite ant ištirpinto sviesto.

b) Išdėliokite Meyer citrinos skilteles ant rudojo cukraus, prireikus perdenkite.

c) Vidutiniame dubenyje suplakite universalius miltus, kepimo miltelius, kepimo soda, košerinę druską, šviežią maltą muskato riešutą, maltą imbierą ir maltą kardamoną, kol gerai susimaišys.

d) Į stovo maišytuvo dubenį sudėkite granuliuotą cukrų. Ant cukraus uždėkite citrinos žievelę ir pirštais įtrinkite žievelę į cukrų. Į cukrų įpilkite kambario temperatūros nesūdyto sviesto ir vanilės ekstrakto. Plakite mišinį vidutiniu greičiu iki šviesios ir purios masės, maždaug 3–4 minutes.

e) Po vieną įmuškite kiaušinius, kiekvieną kartą gerai išplakdami.

f) Pusę miltų mišinio suberkite į sviesto ir cukraus mišinį. Maišykite mažu greičiu, kol gerai susimaišys. Dubenėlio šonuose gali būti šiek tiek miltų, tai yra gerai.

g) Supilkite pasukas ir maišykite vidutiniu greičiu, kol susimaišys.

h) Suberkite likusį miltų mišinį ir maišykite mažu greičiu, kol susimaišys. Mentele nubraukite dubenėlio šonus ir dugną ir maišykite dar 10 sekundžių, kad visi ingredientai gerai susimaišytų.

i) Tešlą švelniai supilkite ant griežinėliais pjaustytų citrinų pyrago formoje ir išlyginkite viršų su offsetine mentele.

j) Kepkite pyragą įkaitintoje orkaitėje maždaug 45 minutes arba tol, kol įkišus į pyrago centrą pyrago tikrintuvas išeis švarus.

k) Leiskite pyragui atvėsti keptuvėje 10 minučių. Apveskite peilį per kraštus, kad pyragas atsilaisvintų, tada apverskite jį ant lėkštės. Gražiai karamelizuotos Meyer citrinos griežinėliai bus ant pyrago viršaus.

l) Mėgaukitės šiuo nuostabiu „Meyer Lemon" pyragu aukštyn kojomis su blizgančiais citrusiniais papuošalais viršuje!

37. Kremo indeliai su citrinomis

INGRIDIENTAI:
- 2 vidutinės citrinos
- ⅔ stiklinės granuliuoto cukraus
- 1 kiaušinis
- 4 kiaušinių tryniai
- 1 ¼ puodelio riebios grietinėlės
- 5 arbatiniai šaukšteliai konditerinio cukraus
- 6 cukruotos žibuoklės (nebūtina)

INSTRUKCIJOS:
a) Įkaitinkite orkaitę iki 325°F (165°C).
b) Nutarkuokite citrinų žievelę, kad gautumėte maždaug 1 arbatinį šaukštelį citrinos žievelės. Išspauskite citrinas, kad ištrauktumėte ½ puodelio citrinos sulčių.
c) Dubenyje suplakite granuliuotą cukrų, kiaušinį ir kiaušinių trynius, kol gerai susimaišys.
d) Palaipsniui plakite grietinėlę, kol cukrus visiškai ištirps.
e) Perpilkite mišinį per sietelį, kad kremas būtų lygus ir be gumuliukų. Įmaišykite citrinos žievelę, kad mišinys taptų citrinos skoniu.
f) Į gilią kepimo indą įdėkite šešis ½ puodelio grietinėlės arba suflė indus.
g) Tolygiai paskirstykite citrinų mišinį tarp šešių kreminių indų.
h) Į kepimo indą atsargiai supilkite karštą vandenį iš čiaupo, kad jis būtų ½ colio atstumu nuo puodų viršaus. Ši vandens vonelė padės kremams tolygiai išvirti.
i) Kepkite kremus neuždengtus įkaitintoje orkaitėje maždaug 35-40 minučių arba tol, kol jie sustings viduriuose. Švelniai purtant kremas turi šiek tiek sujudėti centre.

j) Baigę atsargiai išimkite kremo puodus iš vandens vonios ir padėkite į šalį, kad visiškai atvėstų.

PATEIKIMAS:

k) Prieš patiekdami, kiekvieno kremo paviršių pabarstykite konditerių cukrumi, kad suteiktumėte saldumo ir pagerintumėte pateikimą.

l) Pasirinktinai kiekvieną kremo puodą papuoškite cukruota violetine spalva, kad užbaigtumėte elegantišką ir spalvingą išvaizdą.

m) Patiekite „Lemon Pots de Creme" atšaldytus ir mėgaukitės nuostabiais citrusiniais ir kreminiais skoniais.

38. Prancūziški citrininiai makaronai

INGRIDIENTAI:
MAKARONŲ KIAUTELĖMS:
- 100 g itin smulkių migdolų miltų
- 75 g cukraus pudros
- 70 g (1/3 puodelio) kiaušinių baltymų, kambario temperatūros
- 1/4 arbatinio šaukštelio grietinėlės tartų, nebūtina
- 1/4 arbatinio šaukštelio rupios košerinės druskos
- 75 g labai smulkaus granuliuoto cukraus
- 1/2 arbatinio šaukštelio šviežių citrinų sulčių
- Geltoni maistiniai dažai
- 1 arbatinis šaukštelis citrinos žievelės

CITRININIAM SVIETO KREMUI:
- 80 g nesūdyto sviesto, kambario temperatūros
- 130 g cukraus pudros, persijotas
- 1 valgomasis šaukštas šviežių citrinų sulčių
- 1 arbatinis šaukštelis citrinos žievelės
- 1/8 arbatinio šaukštelio rupios košerinės druskos

INSTRUKCIJOS:
KAD PAGAMINTI MAKARONŲ lukštus:
a) 2 kepimo skardas išklokite pergamentiniu popieriumi arba silikoniniais kilimėliais. (Norėdami tolygiai cirkuliuoti orą, apverskite kepimo skardas aukštyn kojomis.)
b) Du kartus persijokite migdolų miltus ir cukraus pudrą. Jei sijoklėje liko iki 2 šaukštų stambių sausų ingredientų, jo keisti nereikia; tiesiog išmeskite tuos gabalus.
c) Švariame maišymo dubenyje su šluotele išplakite kiaušinių baltymus vidutiniu arba mažu greičiu iki putų.
d) Į kiaušinių baltymus supilkite grietinėlę tartorių ir druską ir toliau plakite.

e) Maišytuvui veikiant po vieną valgomąjį šaukštą pamažu įpilkite granuliuoto cukraus. Po kiekvieno pridėjimo leiskite cukrui ištirpti.

f) Meringue pasiekus minkštas viršūnes, įlašinkite citrinos sulčių ir kelis lašus geltonų gelinių maistinių dažų.

g) Toliau plakite kiaušinių baltymus vidutiniu-mažu greičiu, kol susidarys kietos smailės. Meringue turi suktis šluotelės viduje, o pakėlus plaktuvą, jis turi turėti smailų galą ir turėti aštrius šonkaulius.

h) Į morengą įpilkite citrinos žievelės ir plakite dar apie 30 sekundžių.

i) Migdolų miltų mišinį persijokite į meringue. Supilkite sausus ingredientus į meringue silikonine mentele, kol jie visiškai susimaišys. Tada toliau lankstykite tešlą, kol ji bus pakankamai skysta, kad nupieštumėte aštuntuką. Išbandykite tešlą įmesdami nedidelį kiekį į dubenį; jei smailės savaime ištirps tešloje maždaug per 10 sekundžių, ji paruošta. Būkite atsargūs, kad neperlenktumėte tešlos.

j) Perkelkite tešlą į konditerinį maišelį su apvaliu antgaliu.

k) Konditerinį maišelį laikykite 90° kampu ir ant paruoštų kepimo skardų maždaug 1,5 col. Tvirtai bakstelėkite kepimo skardas į stalviršį, kad atsikratytumėte oro burbuliukų.

l) Leiskite macarons stovėti ant stalo mažiausiai 15-30 minučių, kol tešla nelips prie piršto lengvai palietus.

m) Įkaitinkite orkaitę iki 300°F (150°C).

n) Kepkite po vieną macarons skardą ant vidurinio grotelių apie 15-18 minučių. Išvirti macarons turi būti tvirti liesti, o pagrindas – nejudėti.

o) Macarons visiškai atvėsinkite ir tada nuimkite juos nuo pergamentinio popieriaus.

CITRININIO SVIETO KREEMUI PAGAMINTI:

p) Dubenyje su šluotele išplakite sviestą iki purumo.

q) Suberkite cukraus pudrą, citrinos sultis, citrinos žievelę ir druską ir plakite, kol gerai susimaišys.

r) Perkelkite sviestinį kremą į konditerinį maišelį su apvaliu antgaliu arba žvaigždute.

MAKARONŲ SUrinkimui:

s) Atvėsusius macaron lukštus suporuokite pagal dydį ir išdėliokite ant grotelių, apversdami apatinius lukštus.

t) Ant apatinių lukštų užtepkite šaukštelį citrininio sviestinio kremo, o viršutinį kevalą uždėkite ant įdaro, lengvai paspausdami, kad įdaras pasiskirstytų į kraštus.

u) Užpildytus macaronus laikykite sandariame inde šaldytuve bent 24 valandas, kad subręstų, kad įdaras suminkštėtų ir pagardintų lukštus.

v) Norėdami patiekti, išimkite macarons maždaug 30 minučių prieš patiekiant.

w) Macarons laikykite šaldytuve hermetiškame inde iki 5 dienų arba užšaldykite iki 6 mėnesių.

39. Lemon Brulée pyragas

INGRIDIENTAI:
DĖL PLUTOS:
- 1 ½ puodelio graham krekerių trupinių
- 6 šaukštai nesūdyto sviesto, lydyto
- ¼ puodelio granuliuoto cukraus

UŽDARUI:
- 4 kiaušinių tryniai
- 1 skardinė (14 uncijų) saldinto kondensuoto pieno
- ½ puodelio šviežių citrinų sulčių
- 1 valgomasis šaukštas tarkuotos citrinos žievelės

UŽDARUI:
- Granuliuotas cukrus, skirtas karamelizacijai

INSTRUKCIJOS:
a) Įkaitinkite orkaitę iki 350 ° F (175 ° C).

b) Dubenyje sumaišykite Graham krekerių trupinius, lydytą sviestą ir cukrų. Paspauskite mišinį į pyrago formos dugną ir šonus.

c) Atskirame dubenyje suplakite kiaušinių trynius, saldintą kondensuotą pieną, citrinos sultis ir citrinos žievelę, kol gerai susimaišys.

d) Į paruoštą plutą supilkite citrinos įdarą.

e) Kepkite apie 15-20 minučių arba kol įdaras sustings.

f) Išimkite iš orkaitės ir leiskite atvėsti iki kambario temperatūros. Tada laikykite šaldytuve bent 2 valandas arba kol atvės.

g) Prieš patiekiant, pyrago viršų pabarstykite plonu granuliuoto cukraus sluoksniu. Virtuviniu degikliu karamelizuokite cukrų, kol susidarys traški plutelė.

h) Leiskite cukrui keletą minučių sukietėti, tada supjaustykite ir patiekite.

40. Lemoninis ledas su irisu

INGRIDIENTAI:
- 1 puodelis riebios grietinėlės
- 1 puodelis nenugriebto pieno
- 4 kiaušinių tryniai
- ½ puodelio granuliuoto cukraus
- 1 valgomasis šaukštas tarkuotos citrinos žievelės
- ¼ puodelio citrinos sulčių
- ½ puodelio iriso gabaliukų
- Granuliuotas cukrus, skirtas karamelizacijai
- Avietės, patiekti

INSTRUKCIJOS:

a) Puode ant vidutinės ugnies pakaitinkite grietinę, nenugriebtą pieną ir citrinos žievelę, kol pradės virti. Nuimkite nuo ugnies.

b) Atskirame dubenyje suplakite kiaušinių trynius, cukrų ir citrinos sultis, kol gerai susimaišys.

c) Karštą grietinėlės mišinį lėtai supilkite į kiaušinių trynių mišinį, nuolat plakdami.

d) Supilkite mišinį atgal į puodą ir virkite ant mažos ugnies, nuolat maišydami, kol sutirštės ir padengs šaukšto nugarą. Neleiskite užvirti.

e) Nukelkite nuo ugnies ir leiskite mišiniui atvėsti iki kambario temperatūros. Tada laikykite šaldytuve bent 4 valandas arba per naktį.

f) Atvėsusį mišinį supilkite į ledų gaminimo aparatą ir plakite pagal gamintojo nurodymus.

g) Per paskutines plakimo minutes sudėkite iriso gabaliukus ir toliau plakite, kol jie tolygiai pasiskirstys.

h) Suplaktus ledus perkelkite į indą ir užšaldykite mažiausiai 2 valandas, kad sutvirtėtų.

i) Prieš patiekdami ant kiekvienos porcijos pabarstykite plonu granuliuoto cukraus sluoksniu. Virtuviniu degikliu karamelizuokite cukrų, kol susidarys traški plutelė.

j) Leiskite cukrui keletą minučių sukietėti, tada patiekite ir mėgaukitės.

41. Lemon Curd Gelato

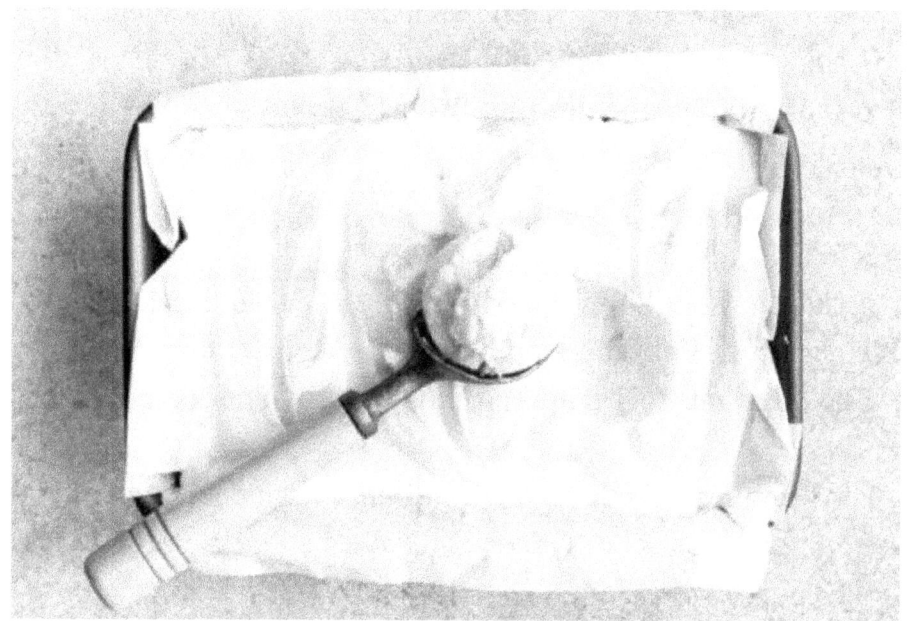

INGRIDIENTAI:

- 500 ml dvigubo kremo
- 395 ml kondensuoto pieno skardinė
- 2 šaukšteliai vanilės ekstrakto
- 2 šaukštai Limoncello (nebūtina)
- 320 gramų citrinų varškės

INSTRUKCIJOS:

a) Į dubenį supilkite grietinėlę, pieną ir vanilę ir plakite, kol susidarys minkštos smailės.

b) Supilkite mišinį į šaldomą indą, tada valandai padėkite į šaldiklį.

c) Po valandos išimkite iš šaldiklio ir įmaišykite citrinų varškę bei limoncello. Gerai išmaišykite, tada vėl įdėkite į šaldiklį dar 4 valandoms.

d) Išimkite iš šaldiklio ir patiekite.

42. Korių citrinų pyragas

INGRIDIENTAI:
TORTAMS:
- 2 puodeliai universalių miltų
- 2 arbatinius šaukštelius kepimo miltelių
- ½ arbatinio šaukštelio kepimo sodos
- ¼ arbatinio šaukštelio druskos
- ½ stiklinės nesūdyto sviesto, suminkštinto
- 1 puodelis granuliuoto cukraus
- 3 dideli kiaušiniai
- 2 citrinų žievelė
- ¼ puodelio šviežių citrinų sulčių
- ½ puodelio pasukų
- ¼ puodelio medaus
- 1 arbatinis šaukštelis vanilės ekstrakto

KOKIŲ ĮDAŽUI:
- 1 puodelis korio saldainio, susmulkinto mažais gabalėliais

CITRININIAM GLAJUUI:
- 1 puodelis cukraus pudros
- 2 šaukštai šviežių citrinų sulčių

INSTRUKCIJOS:
a) Įkaitinkite orkaitę iki 350 ° F (175 ° C). Riebalais ir miltais ištepkite 9 colių apvalią pyrago formą.

b) Vidutiniame dubenyje sumaišykite miltus, kepimo miltelius, soda ir druską. Atidėti.

c) Dideliame dubenyje sumaišykite minkštą sviestą ir granuliuotą cukrų iki šviesios ir purios masės.

d) Po vieną įmuškite kiaušinius, po to citrinos žievelę ir citrinos sultis.

e) Į sviesto mišinį įpilkite pasukų, medaus ir vanilės ekstrakto ir maišykite, kol gerai susimaišys.

f) Palaipsniui supilkite sausus ingredientus į šlapius ingredientus, maišykite, kol tik susimaišys. Būkite atsargūs, kad nepermaišytumėte.

g) Pusę pyrago tešlos supilkite į paruoštą torto formą, tolygiai paskirstydami.

h) Pabarstykite susmulkintus korinius saldainius ant tešlos, užtikrindami tolygų pasiskirstymą.

i) Likusią pyrago tešlą užpilkite ant korio saldainio sluoksnio, paskleiskite, kad padengtų įdarą.

j) Kepkite įkaitintoje orkaitėje 30-35 minutes arba tol, kol į centrą įsmeigtas dantų krapštukas išeis švarus.

k) Išimkite pyragą iš orkaitės ir leiskite jam 10 minučių atvėsti keptuvėje, tada perkelkite ant grotelių, kad visiškai atvėstų.

l) Kol pyragas vėsta, paruoškite citrininį glajų, išplakdami cukraus pudrą ir šviežias citrinos sultis iki vientisos masės.

m) Kai pyragas atvės, pyrago viršų aptepkite citrininiu glaistu.

n) Supjaustykite ir patiekite skanų korio citrinų pyragą.

43. Citrininės varškės putėsiai

INGRIDIENTAI:

- ½ puodelio riebios grietinėlės
- ½ stiklinės citrininės varškės, paruoštos
- Šviežios mėlynės, nuplautos ir išdžiovintos
- Šviežios mėtų šakelės, papuošimui

INSTRUKCIJOS:

a) Atšaldytu plaktuvu išplakite grietinėlę iki tirštumo. Plaktą grietinėlę supilkite į citrinų varškę.

b) Arba sumaišykite citrinų putėsius su mėlynėmis.

c) Arba vyno taurėje sluoksniuokite putėsių, šviežių mėlynių ir putėsių; papuošti šviežiomis mėtomis.

44. Citrina Semifreddo

INGRIDIENTAI:

- 4 kiaušinių tryniai
- ½ puodelio granuliuoto cukraus
- 1 puodelis riebios grietinėlės
- 2 citrinų žievelė
- 1 valgomasis šaukštas šviežių rozmarinų lapelių, smulkiai pjaustytų

INSTRUKCIJOS:

a) Dideliame dubenyje suplakite kiaušinių trynius ir cukrų iki vientisos ir kreminės masės.

b) Atskirame dubenyje išplakite grietinėlę, kol susidarys minkštos smailės.

c) Į plaktą grietinėlę švelniai įmaišykite citrinos žievelę ir susmulkintą rozmariną.

d) Palaipsniui į kiaušinių trynių mišinį įpilkite plaktos grietinėlės mišinio, švelniai sulenkite, kol gerai susimaišys.

e) Supilkite mišinį į kepimo skardą arba atskirus ramekinus.

f) Šaldykite mažiausiai 6 valandas arba per naktį.

g) Norėdami patiekti, išimkite iš šaldiklio ir prieš pjaustydami palikite keletą minučių kambario temperatūroje.

45. Sumuštiniai su citrininiais ledais

INGRIDIENTAI:

- 1 ½ stiklinės universalių miltų
- ½ arbatinio šaukštelio kepimo sodos
- ¼ arbatinio šaukštelio druskos
- ½ stiklinės nesūdyto sviesto, suminkštinto
- ½ puodelio granuliuoto cukraus
- ½ puodelio supakuoto rudojo cukraus
- 1 didelis kiaušinis
- 1 arbatinis šaukštelis vanilės ekstrakto
- 1 citrinos žievelė
- 1 pintos citrinų ledų

INSTRUKCIJOS:

a) Įkaitinkite orkaitę iki 375°F (190°C) ir kepimo skardą išklokite pergamentiniu popieriumi.

b) Dubenyje sumaišykite miltus, soda ir druską.

c) Atskirame dubenyje sumaišykite minkštą sviestą, granuliuotą cukrų ir rudąjį cukrų iki šviesios ir purios masės. Įdėkite kiaušinį, vanilės ekstraktą ir citrinos žievelę ir maišykite, kol gerai susimaišys.

d) Palaipsniui į sviesto mišinį supilkite sausus ingredientus ir maišykite, kol viskas susimaišys. Švelniai įmaišykite šviežias mėlynes.

e) Ant paruoštos kepimo skardos uždėkite apvalius šaukštus tešlos, palikdami juos maždaug 2 colių atstumu. Kiekvieną tešlos rutulį šiek tiek išlyginkite delnu.

f) Kepkite 10-12 minučių arba kol kraštai taps auksinės spalvos. Leiskite sausainiams visiškai atvėsti.

g) Paimkite kaušelį citrininių ledų ir sudėkite tarp dviejų sausainių.

h) Prieš patiekdami sumuštinius su ledais padėkite į šaldiklį bent 1 valandai, kad sutvirtėtų.

GLAZIJA IR GLAZAI

46. Citrininis glajus

INGRIDIENTAI:

- 1 puodelis cukraus pudros
- 2 šaukštai šviežiai spaustų citrinų sulčių
- 1 arbatinis šaukštelis citrinos žievelės

INSTRUKCIJOS:

a) Nedideliame dubenyje išplakite cukraus pudrą, citrinos sultis ir citrinos žievelę iki vientisos masės.

b) Pakoreguokite konsistenciją, jei reikia, įpilkite cukraus pudros arba citrinos sulčių.

c) Desertą apšlakstykite citrininiu glaistu ir prieš patiekdami leiskite sustingti.

47. Aviečių limonado glajus

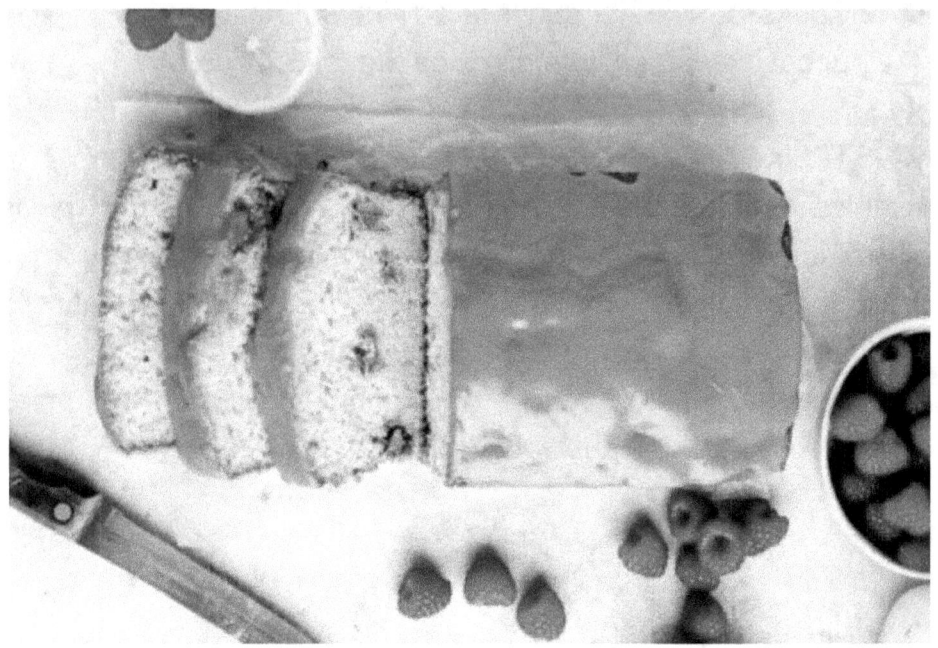

INGRIDIENTAI:

- 1 puodelis cukraus pudros
- 2 šaukštai aviečių tyrės (pertempta)
- 1 valgomasis šaukštas šviežiai spaustų citrinų sulčių
- Citrinos žievelės (nebūtina, papuošimui)

INSTRUKCIJOS:

a) Mažame dubenyje iki vientisos masės išplakite cukraus pudrą, aviečių tyrę ir citrinos sultis.

b) Pakoreguokite konsistenciją, jei reikia, įpilkite daugiau cukraus pudros arba aviečių tyrės.

c) Desertą aptepkite aviečių limonado glaistu ir, jei norite, pabarstykite citrinos žievele.

d) Prieš patiekdami leiskite glaistui sustingti.

48. Citrininio sviesto glaistymas

INGRIDIENTAI:

- 1 puodelis nesūdyto sviesto, minkšto
- 4 puodeliai cukraus pudros
- 2 šaukštai šviežiai spaustų citrinų sulčių
- 1 valgomasis šaukštas citrinos žievelės
- 1 arbatinis šaukštelis vanilės ekstrakto

INSTRUKCIJOS:

a) Maišymo dubenyje išplakite minkštą sviestą iki vientisos masės.

b) Palaipsniui, maždaug po 1 puodelį, suberkite cukraus pudrą ir po kiekvieno pridėjimo gerai išmaišykite.

c) Į sviesto mišinį įpilkite citrinos sulčių, citrinos žievelės ir vanilės ekstrakto. Išmaišykite iki vientisos ir kreminės masės.

d) Sureguliuokite konsistenciją įpildami daugiau cukraus pudros, kad glajus būtų standesnis, arba daugiau citrinos sulčių, kad glajus būtų plonesnis.

e) Ištepkite arba ištepkite citrininio sviesto glaistą ant atvėsusių pyragų ar keksiukų.

49. Citrinų aguonų glaistymas

INGRIDIENTAI:

- 1 puodelis nesūdyto sviesto, minkšto
- 4 puodeliai cukraus pudros
- 2 šaukštai šviežiai spaustų citrinų sulčių
- 2 arbatinius šaukštelius citrinos žievelės
- 1 valgomasis šaukštas aguonų

INSTRUKCIJOS:

a) Maišymo dubenyje išplakite minkštą sviestą iki vientisos masės.

b) Palaipsniui po vieną puodelį suberkite cukraus pudrą ir toliau plakite, kol gerai susimaišys.

c) Įmaišykite citrinos sultis, citrinos žievelę ir aguonas. Maišykite, kol visiškai susimaišys.

d) Užtepkite arba ištepkite citrininį aguonų glaistą ant atvėsusių pyragų ar keksiukų.

LIMONADAI

50. Klasikinis šviežiai spaustas limonadas

INGRIDIENTAI:

- Sultys iš 8 didelių citrinų
- 6 puodeliai vandens
- $1\frac{1}{4}$ stiklinės granuliuoto cukraus
- 1 citrina, supjaustyta

INSTRUKCIJOS :

a) Dideliame ąsotyje sumaišykite citrinos sultis su vandeniu ir cukrumi.

b) Maišykite, kol cukrus ištirps. Šaldykite, kol atvės, apie 1 val.

c) Limonadą užpilkite ant ledo ir prieš patiekdami į kiekvieną stiklinę įdėkite po citrinos griežinėlį.

51.Rožinio greipfruto limonadas

INGRIDIENTAI:

- 50 g auksinio ratuko sirupo
- ¼ arbatinio šaukštelio Himalajų arba rupios jūros druskos
- 4 Floridos rožiniai greipfrutai, išspausti sultimis, su papildomais griežinėliais patiekimui
- 2 citrinos, sultys

INSTRUKCIJOS:

a) Nedideliame puode sumaišykite auksinį trintuvų sirupą ir 100 ml vandens. Mišinį užvirinkite, maišykite, kad ištirptų cukrus. Atidėkite į šalį, kad atvėstų.
b) Į didelį ąsotį įpilkite 400 ml vandens ir užpilkite ledu.
c) Atvėsusį cukraus sirupą užpilkite ant ąsočio ledo ir vandens.
d) Į ąsotį įpilkite Himalajų arba stambios jūros druskos, šviežiai spaustų rausvų greipfrutų sulčių ir citrinos sulčių.
e) Mišinį gerai išmaišykite, kad visi ingredientai susimaišytų.
f) Rožinio greipfruto limonadą patiekite stiklinėse, papuoštą rožinio greipfruto griežinėliais, kad gautumėte gaivų ir aštrų citrusinį skanėstą. Mėgautis!

52. Aviečių limonado mimozos

INGRIDIENTAI:

- 3 uncijos šampano
- 3 uncijos aviečių limonado
- Rožiniai arba raudoni cukraus pabarstukai
- 2-3 šviežios avietės

INSTRUKCIJOS:

a) Stiklinių apvadai: Supilkite nedidelį kiekį aviečių limonado ant lėkštės ar negilaus dubens. Tą patį padarykite su rožiniais arba raudonais cukraus pabarstukais ant atskiros lėkštės.

b) Įmerkite šampano fleitos kraštą į aviečių limonadą, būtinai padengdami visą kraštą.

c) Tada panardinkite dengtą stiklo kraštelį į spalvotą cukrų, kad sukurtumėte dekoratyvinį cukraus apvadą.

d) Į paruoštą stiklinę supilkite aviečių limonadą ir šampaną ir švelniai išmaišykite, kad skoniai susimaišytų.

e) Į kokteilį įlašinkite 2-3 šviežias avietes, kad gautumėte papildomo vaisių skonio.

f) Patiekite savo aviečių limonado mimozas ir mėgaukitės šiuo nuostabiu ir gaiviu kokteiliu per priešpiečių su merginomis metu.

53. Braškių limonado purškiklis

INGRIDIENTAI:
- 1 puodelis šviežių braškių, lukštentų ir supjaustytų
- ½ puodelio šviežių citrinų sulčių
- ¼ puodelio granuliuoto cukraus
- 2 puodeliai gazuoto vandens
- Ledo kubeliai
- Švieži mėtų lapeliai papuošimui

INSTRUKCIJOS:

a) Blenderyje sumaišykite braškes, citrinos sultis ir cukrų. Ištrinkite iki vientisos masės.

b) Mišinį perkoškite per smulkų sietelį, kad neliktų sėklų.

c) Pripildykite stiklines ledo kubeliais ir ant ledo užpilkite braškių-citrinų mišinį.

d) Kiekvieną stiklinę užpilkite gazuotu vandeniu ir švelniai išmaišykite.

e) Papuoškite šviežiais mėtų lapeliais ir patiekite.

54. Drakono vaisių limonadas

INGRIDIENTAI:

- 1 didelis drakono vaisius - rausvas arba baltas minkštimas, pašalinta žievelė
- 5 puodeliai vandens
- ½ puodelio agavos nektaro arba klevų sirupo
- 1 puodelis šviežiai spaustų citrinų sulčių

INSTRUKCIJOS:

a) Sumaišykite drakono vaisius su 1 puodeliu vandens iki norimos tekstūros.

b) Drakono vaisių mišinį supilkite į limonado ąsotį ir įpilkite likusius 4 puodelius vandens, citrinos sultis ir saldiklį. Išmaišykite, paragaukite ir, jei reikia, sureguliuokite saldiklį ir (arba) vandenį.

c) Galima patiekti iš karto virš stiklinės, užpildytos ledo kubeliais.

d) Laikykite šaldytuve, kad atvėstų ir prieš patiekdami gerai išmaišykite. Mėgautis!

55. Kivių limonadas

INGRIDIENTAI:

- 4 kiviai, nulupti
- 12 uncijų skardinė šaldyto limonado koncentrato, atšildyta
- 3 puodeliai gazuoto citrinų-laimo gėrimo, atšaldyti

INSTRUKCIJOS:

a) Kivius supjaustykite gabalėliais.

b) Vaisių gabaliukus ir limonado koncentratą sutrinkite virtuviniu kombainu iki vientisos masės.

c) Supilkite mišinį per vielinio tinklo sietelį į ąsotį, išmesdami kietas medžiagas.

d) Prieš patiekdami įmaišykite citrinos ir laimo gėrimą.

56. Aviečių kefyro limonadas

INGRIDIENTAI:

- ½ puodelio šviežių arba atšildytų šaldytų aviečių
- ⅔ puodelio šviežiai spaustų citrinų sulčių
- ½ puodelio agavų sirupo
- 3 puodeliai kefyro

INSTRUKCIJOS:

a) Visus ingredientus sudėkite į greitaeigį trintuvą ir plakite iki vientisos masės.

b) Per plastikinį sietelį perkoškite į ąsotį. Patiekite ant ledo.

c) Šaldytuve laikys 2 dienas.

57. Aviečių ir pankolių limonadas

INGRIDIENTAI:

- 8 uncijos vandens
- 8 uncijos aviečių + papildomai papuošimui
- 4 šaukštai cukraus
- 1 arbatinis šaukštelis pankolių sėklų
- 2 citrinų sultys
- atšaldytas vanduo

INSTRUKCIJOS:

a) Puode arba puode sumaišykite avietes su cukrumi, pankolio sėklomis ir vandeniu ir virkite ant vidutinės ugnies.
b) Virkite, kol avietės taps minkštos.
c) Leiskite jam atvėsti iki kambario temperatūros.
d) Aviečių mišinį sutrinkite iki vientisos tyrės. Nukoškite ir sumaišykite su citrinos sultimis.
e) Patiekite, užpilkite atšaldytu vandeniu.
f) Papuoškite rezervuotomis avietėmis.

58. Slyvų limonadas

INGRIDIENTAI:

- 32 uncijos vandens, padalintas
- 2-3 sveiki žvaigždanyžiai
- 10 uncijų cukraus
- 3 šviežios raudonos slyvos, be kauliukų
- 2 citrinos, kruopščiai nuvalytos ir perpjautos per pusę
- Ledo kubeliai, patiekimui

INSTRUKCIJOS:

a) Puode sumaišykite 16 uncijų (2 puodelius) vandens ir žvaigždinį anyžių.

b) Užvirinkite ir palikite kelias minutes pavirti, kad vanduo įsigertų žvaigždinio anyžiaus skoniu. Nuimkite nuo ugnies ir leiskite atvėsti.

c) Atskirame puode paruoškite paprastą sirupą, sumaišydami cukrų su likusiomis 16 uncijų (2 puodeliais) vandens.

d) Kaitinkite ant vidutinės ugnies maišydami, kol saldiklis visiškai ištirps. Nuimkite nuo ugnies ir leiskite atvėsti.

e) Kai atvės ir žvaigždiniais anyžiais užpiltas vanduo, ir paprastas sirupas, sumaišykite juos ąsotyje.

f) Blenderiu sutrinkite raudonąsias slyvas be kauliukų iki vientisos masės.

g) Į trintuvą su slyvų tyre išspauskite sultis iš perpus perpjautų citrinų.

h) Į ąsotį supilkite slyvų ir citrinų mišinį su žvaigždiniu anyžiu užpiltu vandeniu ir paprastu sirupu. Viską gerai išmaišyti.

i) Slyvų limonadą laikykite šaldytuve, kol jis visiškai atšals.

j) Norėdami patiekti, pripildykite stiklines ledo kubelių ir ant ledo užpilkite slyvų limonado. Jei norite, papuoškite papildomais slyvų griežinėliais, citrinos skiltelėmis arba žvaigždiniu anyžiu.

k) Mėgaukitės savo naminiu slyvų limonadu – nuostabiu ir gaiviu gėrimu su unikaliu posūkiu!

59. Granatų limonadas

INGRIDIENTAI:

- ½ puodelio paprasto sirupo arba agavos saldiklio
- ½ puodelio citrinos sulčių
- 1 puodelis granatų sulčių
- 1 puodelis šalto vandens
- 1 puodelis susmulkinto ledo
- Žiupsnelis druskos

Ratlankiams:

- 1 citrinos skiltelė
- ¼ arbatinio šaukštelio skrudintų kmynų
- 1 arbatinis šaukštelis cukraus
- ⅛ arbatinio šaukštelio druskos

INSTRUKCIJOS:

a) Maišymo dubenyje sumaišykite paprastą sirupą (arba agavos saldiklį), citrinos sultis, granatų sultis, žiupsnelį druskos ir šaltą vandenį, kol gerai susimaišys.

b) Supilkite mišinį į ąsotį, pripildytą susmulkinto ledo.

c) Norėdami apipjaustyti stiklinę, paimkite citrinos skilteles ir patrinkite ją aplink stiklinės kraštą, kad pasidengtumėte plonu citrinos sulčių sluoksniu.

d) Lėkštėje sumaišykite skrudintus kmynus, cukrų ir druską.

e) Panardinkite stiklinės kraštelį į kmynų-cukraus-druskos mišinį ir pasukite, kad apsemtų kraštelį.

f) Į stiklinę su apvadu supilkite ką tik pagamintą granatų limonadą.

g) Nedelsdami patiekite savo energingą ir saldų granatų limonadą ir mėgaukitės šiuo gaiviu klasikinio limonado užpilu su nuostabiu granatų priedu!

60. Vyšnių limonadas

INGRIDIENTAI:

- 1 svaras šviežių rūgščių vyšnių (keletą atidėkite papuošimui)
- 2 puodeliai cukraus
- 8 puodeliai vandens
- 6–8 citrinos ir papildomai papuošimui

INSTRUKCIJOS:

a) Vidutiniame puode sumaišykite vyšnias, cukrų ir 3 puodelius vandens.

b) Troškinkite 15 minučių, tada leiskite atvėsti iki kambario temperatūros.

c) Mišinį perkoškite per smulkų tinklinį sietelį.

d) Išspauskite tiek citrinų sulčių, kad gautumėte 1,5 puodelio citrinos sulčių.

e) Sumaišykite vyšnių sultis, citrinos sultis ir maždaug 5–6 puodelius atšaldyto vandens (pakoreguokite pagal savo skonį).

f) Gerai išmaišykite ir, jei norite, įdėkite plonų citrinos griežinėlių ir šviežių vyšnių, kad gautumėte papildomos nuojautos.

61. Mėlynių limonadas

INGRIDIENTAI:

- 2 puodeliai šviežių mėlynių ir papildomai papuošimui
- 1 puodelis šviežiai spaustų citrinų sulčių
- $\frac{1}{2}$ puodelio granuliuoto cukraus
- $\frac{1}{4}$ arbatinio šaukštelio druskos
- 4 puodeliai vandens

INSTRUKCIJOS:

a) Maišytuve sumaišykite šviežias mėlynes, citrinų sultis, granuliuotą cukrų ir druską.

b) Apdorokite mišinį, kol gerai susimaišys, o tai turėtų užtrukti apie 45 sekundes.

c) Supilkite sumaišytą mišinį per smulkių tinklelių sietelį į didelį ąsotį, kad pašalintumėte visas kietas medžiagas; išmeskite kietąsias medžiagas.

d) Maišykite vandenį, kol jis visiškai ištirps.

e) Mėlynių limonadą padalinkite į 8 ledu užpildytas stiklines ir, jei norite, papuoškite papildomomis mėlynėmis.

f) Mėgaukitės gaiviu naminiu mėlynių limonadu!

62. Dygliuotų kriaušių sulčių putojantis limonadas

INGRIDIENTAI:

- 4 citrinų sultys
- ⅓ puodelio šalto dygliuotųjų kriaušių sirupo
- 2 puodeliai šalto gazuoto vandens
- ½ puodelio cukraus

INSTRUKCIJOS:

a) Talpykloje sumaišykite šaltas šviežiai spaustas citrinos sultis, šaltą dygliuotųjų kriaušių sirupą ir šaltą gazuotą vandenį. Kruopščiai išmaišykite, kad mišinys būtų tolygus.

b) Patiekite putojantį limonadą ant ledo ir, jei norite, kiekvieną stiklinę papuoškite citrinos skiltele.

c) Mėgaukitės gaiviu dygliuotų kriaušių sulčių putojančiu limonadu – tikrai gaiviu ir žavingu gėrimu!

63. Juodųjų vynuogių limonadas

INGRIDIENTAI:

- 4 puodeliai juodųjų vynuogių be sėklų
- 1 ½ puodelio cukraus, padalintas
- 7-8 puodeliai šalto vandens, padalinti
- 3 citrinų žievelė
- 7 citrinų sultys (apie 1 puodelis)

INSTRUKCIJOS:

a) Dideliame puode sumaišykite juodąsias vynuoges, 1 puodelį vandens, 1 puodelį cukraus ir citrinos žievelę.

b) Troškinkite šį mišinį ant vidutinės ugnies, trinkite vynuoges, kol jos suminkštės.

c) Kai visos vynuogės bus sutrintos, leiskite mišiniui švelniai troškintis dar 10–15 minučių, kad iš vynuogių odelių išsiskirtų daugiau spalvos.

d) Nukelkite puodą nuo ugnies ir nukoškite mišinį, išmesdami kietąsias medžiagas.

e) Įpilkite vynuogių mišinį į ąsotį.

f) Įmaišykite citrinos sultis ir likusį šaltą vandenį bei cukrų. Paragaukite ir sureguliuokite vandens ir cukraus kiekį pagal savo skonį.

g) Šaldykite mišinį, kol jis atvės. (Kitą dieną jis įgauna drąsesnį skonį.)

h) Patiekite šviežią juodųjų vynuogių limonadą ant ledo ir mėgaukitės gaiviu skoniu!

i) Mėgaukitės šiuo nuostabiu naminiu kūriniu.

64. Ličių limonadas

INGRIDIENTAI:

- 20 ličių
- 1 valgomasis šaukštas citrinos sulčių
- 6 mėtų lapai
- ¼ arbatinio šaukštelio juodosios druskos
- 4 ledo kubeliai

INSTRUKCIJOS:

a) Nulupkite visus ličius, išimkite sėklas ir sudėkite į maišytuvą arba trintuvą. Išmaišykite juos į tirštas sultis.

b) Stiklinėje sumaišykite keletą mėtų lapelių su citrinos sultimis ir juodąja druska.

c) Į stiklinę suberkite ledo kubelius ir supilkite ličių sultis. Prieš patiekdami gerai išmaišykite.

d) Ličio limonadą papuoškite citrinos skiltele ant šono.

e) Mėgaukitės savo gaiviu naminiu limonadu Ličiai - nuostabiu indišku kokteiliu!

65.Obuolių ir kopūstų limonadas el

INGRIDIENTAI:

- 1 puodelis špinatų
- ½ kalkių
- 1 citrina
- 1 gabalas imbiero (šviežios)
- 2 salierų stiebai (nuimkite lapus)
- 2 žali obuoliai
- 4 lapų kopūstų

INSTRUKCIJOS :

a) Nuplaukite visus vaisius ir daržoves, tada popieriniu rankšluosčiu nusausinkite.

b) Nulupkite laimą, citriną, imbierą ir obuolius.

c) Supjaustykite visus ingredientus gabalėliais, kurie tilps į jūsų sulčiaspaudės padavimo angą.

d) Sudėkite vaisių ir daržovių gabalus į sulčiaspaudę. Spauskite sulčiaspaudę, kol pradės tekėti šviežios sultys. Sudedamųjų dalių spaudimas priklausys nuo jūsų turimos sulčiaspaudės tipo.

66. Rabarbary limonadas

INGRIDIENTAI:

- 4 puodeliai vandens
- ½ puodelio klevų sirupo
- 1 svaras rabarbarų (jei reikia nulupti, susmulkinti)
- 3 puodeliai karšto vandens
- Ledo kubeliai
- Garnyras: apelsino griežinėliai arba mėtų šakelės

INSTRUKCIJOS:

a) Puode užvirinkite 4 stiklines vandens; nukelkite nuo ugnies, išplakite klevų sirupu ir atidėkite atvėsti.

b) Virtuviniu kombainu susmulkinkite susmulkintus rabarbarus, kol jie taps minkštimu.

c) Vidutiniame dubenyje rabarbarų minkštimą užpilkite 3 puodeliais karšto vandens ir uždenkite.

d) Į puodą uždėkite sietelį ant klevų sirupo vandens. Rabarbarų minkštimą perkoškite į klevų sirupo ir vandens mišinį naudodami sietelį. Norėdami sujungti rabarbarų skystį ir klevų sirupo vandenį, sumaišykite juos. Pripildykite ąsotį iki pusės vandens.

e) Supilkite kokteilį į keturias aukštas taures, užpildytas ledo kubeliais.

f) Garnyrui patiekite su apelsino skiltele arba mėtų šakele.

67. Ridikėlių limonadas

INGRIDIENTAI:

- 1 puodelis ridikėlių, nupjautų ir susmulkintų
- 4 puodeliai vandens
- ½ puodelio šviežiai spaustų citrinų sulčių
- ¼ puodelio medaus arba pasirinkto saldiklio
- Ledo kubeliai
- Švieži mėtų lapeliai papuošimui

INSTRUKCIJOS:

a) Blenderyje sumaišykite ridikėlius ir vandenį. Ištrinkite iki vientisos masės.

b) Mišinį perkoškite per smulkų sietelį į ąsotį.

c) Į ąsotį įpilkite citrinos sulčių ir medaus ir maišykite, kol gerai susimaišys.

d) Patiekite ant ledo kubelių ir papuoškite šviežių mėtų lapeliais.

68. Agurkų limonado malonumas

INGRIDIENTAI:

- 1 ½ puodelio šviežiai spaustų citrinų sulčių, papildomai papuošimui
- 1 puodelis nuluptų ir be sėklų agurkų, su papildomu garnyrui
- 1 puodelis granuliuoto cukraus (arba kokoso cukraus)
- 6 puodeliai vandens (padalinti)
- Ledas

INSTRUKCIJOS:

a) Pradėkite spaudydami citrinų sultis.

b) Nulupkite agurką ir šaukštu pašalinkite sėklas. (Jei naudojate anglišką agurką, galite praleisti šį veiksmą.)

c) Sudėkite agurką, cukrų ir 2 puodelius šilto vandens į maišytuvą. Maišykite, kol pasieksite vientisą konsistenciją. Nukoškite mišinį per smulkų tinklelį sietelį į ąsotį, mentele išstumdami skystį. Išmeskite minkštimą; tai gali užtrukti kelias minutes.

d) Į ąsotį, kuriame yra agurkų mišinys, įpilkite 4 puodelius šalto vandens ir šviežiai spaustų citrinų sulčių.

e) Įdėkite kelias saujas ledo ir patiekite. Jei norite, papuoškite papildomais agurko griežinėliais ir citrinos skilteles.

f) Mėgaukitės gaiviu agurkų limonado gėriu!

69. Mėtų kopūstų limonadas

INGRIDIENTAI:

- 500 ml arba 2 puodeliai limonado (arba galite jį pakeisti apelsinų sultimis)
- 1 lapinio kopūsto stiebas
- Maža sauja mėtų lapelių
- 6 ledo kubeliai

INSTRUKCIJOS:

a) Nuimkite kopūstą nuo kopūsto ir suplėšykite į gabalus. Sudėkite visus ingredientus, įskaitant ledo kubelius, į maišytuvą.

b) Maišykite, kol mišinys taps vientisas ir putojantis, o spalva bus vienoda žalia.

c) Supilkite gaivinantį mišinį į taures, o norėdami suteikti papildomos įtakos, įdėkite ledo kubelį ir laimo gabalėlį.

d) Mėgaukitės atgaivinančiu Minty Kale limonadu!

70. Burokėlių limonadas

INGRIDIENTAI:
- 2 vidutinio dydžio burokėliai, virti ir nulupti
- 1 puodelis šviežiai spaustų citrinų sulčių (iš maždaug 6-8 citrinų)
- ½ puodelio granuliuoto cukraus (pagal skonį)
- 4 puodeliai šalto vandens
- Ledo kubeliai
- Citrinos griežinėliai ir mėtų lapeliai papuošimui (nebūtina)

INSTRUKCIJOS:
a) Burokėlius galite virti verdami arba kepdami. Kad užvirtų, sudėkite juos į puodą su vandeniu, užvirkite ir troškinkite apie 30–40 minučių, kol suminkštės.
b) Norėdami iškepti, suvyniokite juos į aliuminio foliją ir kepkite orkaitėje 200 °C (400 °F) temperatūroje apie 45-60 minučių, kol suminkštės.
c) Išvirusius burokėlius leiskite atvėsti, tada nulupkite ir supjaustykite gabalėliais.
d) Išvirtus ir susmulkintus burokėlius sudėkite į trintuvą arba virtuvinį kombainą.
e) Plakite, kol gausite vientisą burokėlių tyrę. Jei reikia, galite įpilti šaukštą ar du vandens, kad padėtų maišyti.
f) Išspauskite tiek citrinų, kad gautumėte 1 puodelį šviežių citrinos sulčių.
g) Ąsotyje sumaišykite burokėlių tyrę, šviežiai spaustas citrinos sultis ir granuliuotą cukrų.
h) Maišykite, kol cukrus visiškai ištirps.
i) Įpilkite 4 puodelius šalto vandens ir gerai išmaišykite. Sureguliuokite cukrų ir citrinos sultis pagal skonį.
j) Šaldykite burokėlių limonadą, kol jis gerai atšals.

k) Patiekite ant ledo kubelių stiklinėse.

l) Pasirinktinai kiekvieną stiklinę papuoškite citrinos skiltele ir šviežios mėtų šakele.

71. Drugelio žirnių limonadas

INGRIDIENTAI:
- 1½ stiklinės vandens
- 1 puodelis smulkaus cukraus
- ¼ puodelio džiovintų drugelių žirnių gėlės
- Limonadas

INSTRUKCIJOS:

a) Nedideliame puode užvirinkite vandenį ir cukraus pudrą. Virinama 5 min.

b) Nuimkite nuo ugnies. Įdėkite džiovintų mėlynojo drugelio žirnių žiedų, tada padėkite į šaldytuvą, kad visiškai atvėstų.

c) Į stiklinę įpilkite ledo ir supilkite mėlyną sirupą, kad užpildytumėte iki pusės. Supilkite limonadą, kad užpildytumėte stiklinę. Patiekite šaltą.

72. Levandų limonadas

INGRIDIENTAI:

- 2 puodeliai vandens (paprastam sirupui paruošti)
- 1 puodelis cukraus
- 2 šaukštai džiovintų levandų ARBA 6 šviežių levandų žiedai
- 1 puodelis šviežiai spaustų citrinų sulčių
- 1 puodelis šalto vandens
- Ledas patiekimui

INSTRUKCIJOS:

a) Pradėkite ruošdami paprastą levandų sirupą. Trumpai tariant, puode sumaišykite 2 puodelius vandens, cukraus ir levandų ir virkite, kol sumažės.

b) Į ąsotį arba po lygiai padalinkite į dvi stiklines, sumaišykite šviežiai spaustas citrinos sultis, šaltą vandenį ir ledą.

c) Įmaišykite paprastą levandų sirupą. Sureguliuokite saldumą pagal savo skonį. Jei jis per aitrus, įpilkite daugiau paprasto sirupo; Jei jis per saldus, įpilkite daugiau citrinos sulčių ir vandens.

d) Patiekite iš karto. Atminkite, kad ledas greitai ištirps ir gali šiek tiek atskiesti levandų limonado skonį, todėl mėgaukitės nedelsdami!

73. Rožių vandens limonadas

INGRIDIENTAI:

- 1 ½ puodelio šviežiai spaustų citrinų sulčių
- 1 puodelis rožių vandens
- 1 puodelis granuliuoto baltojo cukraus
- 4-6 puodeliai vandens, koreguokite pagal savo skonį
- Citrinos griežinėliai papuošimui
- Maistiniai valgomieji rožių žiedlapiai papuošimui
- Neprivaloma: ledas pagal jūsų pageidavimus

INSTRUKCIJOS:

a) Erdviame gėrimų dozatoriuje arba ąsotyje sumaišykite 1,5 puodelio šviežiai spaustų citrinų sulčių, rožių vandens (1 puodelį rožių vandens ir 1 puodelį granuliuoto baltojo cukraus) ir 4–6 puodelius vandens.

b) Kruopščiai išmaišykite, kad susimaišytų. Šaldykite, kol būsite pasiruošę patiekti.

c) Jei norite, papuoškite limonadą citrinos griežinėliais ir papildomais rožių žiedlapiais.

d) Patiekite Rosewater Limonade su ledu arba be jo, pagal savo skonį. Mėgautis!

74. Levandų ir kokosų limonadas

INGRIDIENTAI:
LIMONADAS
- 1 ½ puodelio šviežiai spaustų citrinų sulčių
- 1 ¾ stiklinės cukraus
- 8 puodeliai kokoso vandens
- 4 puodeliai vandens

LEVANDŲ PAPRASTAS SIRUPAS
- 2 puodeliai cukraus
- 1 ½ puodelio vandens
- 3 šaukštai džiovintų levandų
- Keli lašai pasirinktinai violetinių maistinių dažų

INSTRUKCIJOS:
LEVANDŲ PAPRASTAS SIRUPAS

a) Vidutiniame, storadugniame puode sumaišykite cukrų, vandenį ir džiovintas levandas.

b) Mišinį užvirinkite ant stiprios ugnies ir palikite virti 1 minutę.

c) Nukelkite puodą nuo ugnies, uždenkite ir leiskite levandoms 20 minučių mirkti sirupe.

d) Sirupą perkoškite per smulkų sietelį, kad neliktų levandų. Jei norite, įlašinkite kelis lašus violetinių maistinių dažų, kad limonadas įgautų purpurinį atspalvį.

e) Levandų sirupą atidėkite į šalį, kad atvėstų. Atvėsusį perkelkite į sandarų indą ir šaldykite iki vienos savaitės.

KOKOSO LEVANDŲ LIMONADAS

f) Indelyje sumaišykite šviežiai spaustas citrinos sultis, cukrų, kokosų vandenį ir vandenį.

g) Intensyviai suplakite arba maišykite, kol visas cukrus visiškai ištirps. Pageidautina purtyti, nes tai padeda aeruoti limonadą.

h) Į ąsotį supilkite pusę levandų sirupo ir išmaišykite. Koreguokite levandų sirupo kiekį pagal savo skonį, pridėkite daugiau ar mažiau pagal pageidavimą.

i) Mėgaukitės gaiviu, levandomis užpiltu kokosų limonadu!

75. Šviezi alyvinė limonadas e

INGRIDIENTAI:

- 7-10 citrinų, papildomai garnyrui ir griežinėliais
- 1 ½ puodelio granuliuoto cukraus
- 8 ½ stiklinės vandens
- Ledas
- 2-3 galvutės šviežių alyvmedžių žiedų

INSTRUKCIJOS:

a) Perpjaukite citrinas per pusę ir sulkite iš jų naudodami citrusinių vaisių sulčiaspaudę. Turėsite gauti 1 ½ puodelio citrinos sulčių.

b) Iš citrinos sulčių pašalinkite sėklas ir minkštimą naudodami ploną tinklelį. Atšaldykite sultis.

c) Šviežias alyvų šakeles pamirkykite šaltame vandenyje mažiausiai 2 valandas arba per naktį.

d) Paruoškite sirupą, į puodą įpildami 1 puodelį vandens į 1,5 puodelio cukraus. Kaitinkite ant silpnos ugnies, nuolat maišydami, kol cukrus visiškai ištirps. Nukelkite nuo ugnies ir atvėsinkite.

e) Vieną citriną supjaustykite medalionais ir įdėkite į ąsotį.

f) Į ąsotį įpilkite alyvų žiedų, citrinos sulčių, sirupo ir 7 puodelius vandens. Maišykite, kad susijungtumėte.

76. Hibiscus limonadas

INGRIDIENTAI:
PAPRASTAM SIRUPUI:
- 1 puodelis granuliuoto cukraus
- 2 puodeliai vandens
- ½ puodelio džiovintų hibisko gėlių

LIMONADUI:
- 5 puodeliai šalto vandens
- 2 puodeliai citrinos sulčių
- 1 citrina, plonais griežinėliais
- Ledo kubeliai
- Šviežios mėtos papuošimui

INSTRUKCIJOS:
PAPRASTAS SIRUPAS GAMINIMAS:
a) Nedideliame puode, pastatytame ant vidutinės-stiprios ugnies, sumaišykite cukrų, 2 puodelius vandens ir džiovintus hibisko žiedus.

b) Mišinį užvirinkite, maišykite, kol cukrus visiškai ištirps.

c) Nukelkite nuo ugnies ir leiskite atvėsti 10–15 minučių.

d) Sirupą perkoškite per ploną tinklelį sietelį, šaukšto nugara nuspauskite gėles, kad išgautumėte jų skonį. Išmeskite panaudotas hibisko gėles.

LIMONADO PARUOŠIMAS:
e) 2 ketvirčių ąsotyje sumaišykite šaltą vandenį, citrinos sultis ir atvėsintą hibisko sirupą. Gerai išmaišykite, kad susimaišytų.

f) Į ąsotį įdėkite citrinos griežinėlius.

g) Į aukštas stiklines įdėkite kelis ledo kubelius ir citrinos griežinėlį.

h) Užpildykite kiekvieną stiklinę hibiscus limonado mišiniu.

i) Kiekvieną porciją uždėkite šviežios mėtų šakele ir patiekite su šiaudeliais.

77. Baziliko limonadas

INGRIDIENTAI:

- $1\frac{1}{4}$ puodelio šviežiai spaustų citrinų sulčių ir citrinos griežinėlių papuošimui
- $\frac{1}{2}$ puodelio medaus arba agavų sirupo
- 1 puodelis sandariai supakuotų šviežių baziliko lapelių, su papildomu papuošimu
- 3 puodeliai šalto vandens
- Ledo kubeliai

INSTRUKCIJOS:

a) Sumaišykite citrinos sultis, medų (arba agavą) ir baziliką maišytuve. Maišykite, kol mišinys taps itin vientisas.

b) Supilkite mišinį į ąsotį arba didelį stiklainį, kad pašalintumėte kietas medžiagas.

c) Įpilkite vandens ir šaldykite, kol būsite pasiruošę patiekti.

d) Patiekite ant ledo, papuoštą citrinos griežinėliais ir šviežiais baziliko lapeliais. Mėgautis!

78. Cilantro limonadas

INGRIDIENTAI:

- 1 ½ puodelio šviežių citrinų sulčių
- 1 litras verdančio vandens
- ½ puodelio kalendros, nuplaunamos ir susmulkintos
- 2 jalapenos, išskobtos ir susmulkintos
- Medus pagal skonį

INSTRUKCIJOS:

a) Norėdami pradėti, jalapenos ir kalendra užpilkite verdančiu vandeniu.

b) Leiskite atvėsti maždaug 4 valandas.

c) Įdėkite citrinos sulčių ir medaus pagal skonį.

79. Agurklių užpiltas limonadas

INGRIDIENTAI:

- 1/4 stiklinės šviežiai spaustų citrinų sulčių
- 2 šaukštai cukraus (pagal skonį)
- 4 agurklės lapai
- 2 puodeliai vandens

INSTRUKCIJOS:

a) Sudėkite visus ingredientus į blenderį.
b) Maišykite apie 30 sekundžių, kol gerai susimaišys.
c) Supilkite mišinį ant didelio ledo kiekio į aukštą stiklinę.
d) Papuoškite limonadą agurklės gėlėmis, kad gautumėte papildomo skonio ir grožio.

80. Citrinų verbenų limonadas

INGRIDIENTAI:

- 2 ½ svaro šviežių ananasų, nuluptų, nuluptų ir susmulkintų
- 2 puodeliai šviežiai spaustų citrinų sulčių
- 1 ½ stiklinės granuliuoto cukraus
- 40 didelių citrininės verbenos lapelių
- 4 puodeliai vandens

INSTRUKCIJOS:

a) Dideliame maišytuve sumaišykite susmulkintus ananasus, citrinos sultis, cukrų ir citrininės verbenos lapelius.

b) Uždenkite dangtį ir 10 ar 12 kartų pulsuokite mišinį, kad pradėtumėte skaidyti ingredientus. Tada paleiskite maišytuvą, kol mišinys taps vientisas. Jei maišytuvas nėra pakankamai didelis, gali tekti dirbti partijomis.

c) Sumaišytą mišinį perkoškite per ploną tinklelį sietelį į 2 -litrų ar didesnį ąsotį. Šaukšto nugarėlėmis perspauskite kietas medžiagas per sietelį. Turėtumėte išgerti bent 4 puodelius skysčio.

d) Supilkite vandenį ir išmaišykite, kad susimaišytų.

e) Ananasų citrinų verbenos limonadą patiekite stiklinėse, užpildytose ledo kubeliais, o kiekvieną stiklinę papuoškite citrininės verbenos šakelėmis, kad gautumėte papildomo gaivumo ir skonio. Mėgautis!

81. Rozmarinų limonadas

(po 1 puodelį)

INGRIDIENTAI:

- 2 puodeliai vandens
- 2 šviežių rozmarinų šakelių
- $\frac{1}{2}$ puodelio cukraus
- $\frac{1}{2}$ puodelio medaus
- 1-$\frac{1}{4}$ puodelio šviežių citrinų sulčių
- 6 puodeliai šalto vandens
- Ledo kubeliai
- Papildomos citrinos griežinėliai ir šviežių rozmarinų šakelės (nebūtina)

INSTRUKCIJOS:

a) Nedideliame puode užvirinkite 2 puodelius vandens, tada suberkite rozmarino šakeles. Sumažinkite ugnį ir troškinkite uždengę 10 minučių.

b) Išimkite ir išmeskite rozmarino šakeles. Sumaišykite cukrų ir medų, kol jie visiškai ištirps. Perkelkite šį mišinį į ąsotį ir šaldykite 15 minučių.

c) Įpilkite šviežių citrinų sulčių ir įmaišykite šaltu vandeniu.

d) Patiekite rozmarinų limonadą ant ledo. Jei norite, papuoškite papildomais citrinos griežinėliais ir šviežiomis rozmarino šakelėmis, kad suteiktumėte papildomo skonio ir pateikimo.

e) Mėgaukitės gaiviu rozmarinų limonadu – nuostabiu klasikinio limonado posūkiu!

82. Citrinžolių limonadas

INGRIDIENTAI:

- 1½ stiklinės cukraus
- 8½ stiklinės vandens, padalinta
- 1 tūbelė citrinžolės maišymo pastos
- 1 puodelis šviežių citrinų sulčių
- Ledo kubeliai

INSTRUKCIJOS:

a) Puode sumaišykite 1½ puodelio cukraus ir 1½ puodelio vandens. Kaitinkite mišinį ant vidutinės ugnies, maišydami, kol cukrus visiškai ištirps. Taip gaunamas paprastas sirupas.

b) Į paprastą sirupą įpilkite Gourmet Garden™ citrinžolės maišymo pastos ir gerai išmaišykite, kad įgautumėte citrinžolės skonį.

c) Atskirame inde sumaišykite šviežias citrinų sultis, paprastą citrinžole užpiltą sirupą ir likusius 7 puodelius vandens. Mišinį gerai išmaišykite.

d) Atvėsinkite citrinžolių limonadą šaldytuve, kad jis būtų gražus ir šaltas.

e) Patiekdami citrinžolių limonadą užpilkite ant ledo kubelių stiklinėse.

f) Mėgaukitės šiuo unikaliu ir gaiviu citrinžolės limonadu su nuostabiu citrinžolės skoniu!

83. Hibiscus baziliko limonadas

INGRIDIENTAI:

- 2 uncijos degtinės
- 1 uncija šviežių citrinų sulčių
- 1 uncija Hibiscus sirupo
- 3-4 baziliko lapeliai
- Soda klubas
- Ledo kubeliai
- Dehidratuotas citrinų ratas ir baziliko lapeliai papuošimui

INSTRUKCIJOS:

a) Kokteilių plaktuvėje sumaišykite degtinę, šviežias citrinos sultis, hibisko sirupą ir baziliko lapelius.

b) Švelniai sumaišykite baziliko lapus, kad išsiskirtų jų skonis.

c) Į plaktuvą sudėkite ledo kubelius ir stipriai purtykite, kol mišinys gerai atvės.

d) Perkoškite kokteilį į Collins taurę, pripildytą ledo kubelių.

e) Papildykite gėrimą klubine soda iki pageidaujamo putojimo lygio.

f) Papuoškite savo Hibiscus baziliko limonadą dehidratuotu citrinos ratuku ir keletu šviežių baziliko lapelių.

g) Mėgaukitės šiuo ryškiu ir gaiviu kokteiliu su nuostabiu hibisko, baziliko ir citrinų skonių deriniu!

84. Jūros samanų limonadas

INGRIDIENTAI:

- 5 citrinos
- 4 šaukštai jūros samanų gelio
- 3 puodeliai vandens
- 1 puodelis medaus paprasto sirupo
- 1 puodelis jūros samanų vandens

INSTRUKCIJOS:

a) Padarykite jūros samanų gelį
b) Sumaišykite citrinos sultis ir jūros samanų vandenį
c) Įpilkite jūros samanų gelio
d) Įpilkite paprasto medaus sirupo
e) Gerai išmaišykite ir mėgaukitės!

85. Spirulina Lemonadas

INGRIDIENTAI:

- 4 puodeliai Vandens
- 4 didelės citrinos, išspaustos
- ½ puodelio agavų nektaro
- 1 arbatinis šaukštelis E3 Live Blue Spirulina
- 1 žiupsnelis druskos

INSTRUKCIJOS:

a) Nuplaukite citrinas ir perpjaukite per pusę. Citrinų spaudikliu arba rankomis išspauskite citrinos sultis į dubenį, pašalindami visas sėklas. Turėtumėte gauti apie 1 puodelį šviežių citrinų sulčių.

b) Agavos nektarą išplakite su citrinos sultimis, kol gerai susimaišys.

c) Dideliame ąsotyje sumaišykite vandenį, agavos/citrinos sultis, mėlynąją spiruliną ir žiupsnelį druskos. Maišykite, kol gerai susimaišys ir spirulinos milteliai ištirps.

d) Atšaldykite arba užpilkite ant ledo ir mėgaukitės!

86. Jūros dumblių užpiltas limonadas

INGRIDIENTAI:

- 1 uncija citrinų sulčių
- 3 brūkšniai Umami Bitters
- 0,5 uncijos Seltzer
- 0,5 uncijos degtinės
- 1 puodelis Cukraus
- 1 stiklinė acto
- 1 puodelis Vandens

INSTRUKCIJOS:

a) Pradėkite nuo jūros dumblių krūmo kūrimo. Puode kaitinkite cukrų, vandenį, actą ir cukrų, kol jie įkais, bet neužvirs. Palikite 10-15 minučių. Leiskite atvėsti ir nukoškite į stiklinę.

b) Į stiklinę įpilkite jūros dumblių krūmo, umami trauktinės, citrinos sulčių ir seltzerio.

c) Užpildykite šlakeliu mėgstamos degtinės.

d) Įdėkite ledo, švelniai išmaišykite ir papuoškite citrinos ratuku.

e) Mėgaukitės gaiviu jūros dumblių limonadu!

87. Chlorella limonadas

INGRIDIENTAI:

- ½ arbatinio šaukštelio Chlorella
- 1 ekologiškos citrinos sultys
- ½–1 arbatinis šaukštelis žaliavinio medaus
- Filtruotas šaltinio vanduo arba gazuotas mineralinis vanduo
- Ledo kubeliai
- Citrinos skiltelės papuošimui
- Nebūtina: 1 arbatinis šaukštelis šviežiai tarkuoto imbiero

INSTRUKCIJOS:

a) Stiklinėje sumaišykite Chlorella, šviežiai spaustas citrinos sultis ir žalią medų, naudodami šluoteles arba šaukštą, kol gausite vientisą mišinį.
b) Į stiklinę sudėkite ledo kubelius ir citrinos skilteles.
c) Užpildykite stiklinę pasirinkto vandens, nesvarbu, ar tai būtų filtruotas šaltinio vanduo, kad skonis būtų švelnesnis, ar gazuotas mineralinis vanduo, kad būtų šiek tiek putojantis.
d) Jei norite, pridėkite šviežiai tarkuoto imbiero, kad gautumėte papildomo skonio ir naudos sveikatai.
e) Gerai išmaišykite, kad susimaišytų visi ingredientai.
f) Gurkšnokite ir mėgaukitės šiuo gaiviu ir itin drėkinančiu Chlorella limonadu. Tai puikus būdas padidinti savo energiją ir maitintis tuo pačiu metu, kai esate žvalūs!

88. Matcha žaliosios arbatos limonadas

INGRIDIENTAI:

- 2 puodeliai karšto vandens
- ½ arbatinio šaukštelio Epic Matcha žaliosios arbatos miltelių
- 1 puodelis gryno cukranendrių cukraus
- ½ puodelio šviežiai spaustų citrinų sulčių
- 1 ½ litro šalto vandens

INSTRUKCIJOS:

a) Dideliame ąsotyje sumaišykite Matcha žaliosios arbatos miltelius ir cukrų į karštą vandenį, kol jie visiškai ištirps.

b) Kai Matcha ir cukrus ištirps, į mišinį įpilkite šviežiai spaustų citrinų (arba laimo) sulčių.

c) Supilkite 1,5 litro šalto vandens ir gerai išmaišykite, kad visi ingredientai susimaišytų.

d) Įdėkite ąsotį į šaldytuvą ir leiskite Matcha Green Tea Lemonade (arba Limeade) atvėsti bent 30 minučių.

e) Kai pakankamai atvės, gerai išmaišykite ir jis paruoštas patiekti.

f) Gaivinantį gėrimą išpilstykite į taures su ledo kubeliais ir, jei norite, papuoškite citrinos ar laimo griežinėliais.

g) Mėgaukitės savo naminiu Matcha žaliosios arbatos limonadu arba limeade – nuostabiu citrusinių vaisių ir žemiško matcha gėrio mišiniu!

89. Ledinės kavos limonadas

INGRIDIENTAI:

LIMONADUI:
- ½ puodelio šviežių citrinų sulčių (apie 3-4 citrinos)
- ¼ puodelio granuliuoto cukraus (pagal skonį)
- ½ stiklinės šalto vandens

DĖL KAVOS:
- 1 puodelis užplikytos kavos, atvėsintos iki kambario temperatūros arba atšaldytos
- ½ puodelio pieno (galite naudoti pasirinktą pienišką arba ne pieninį pieną)
- 1-2 šaukštai saldinto kondensuoto pieno (pagal skonį)
- Ledo kubeliai

INSTRUKCIJOS:

a) Pradėkite nuo limonado gaminimo. Indelyje sumaišykite šviežias citrinos sultis ir granuliuotą cukrų. Gerai išmaišykite, kol cukrus visiškai ištirps.

b) Į citrinų mišinį įpilkite ½ puodelio šalto vandens ir išmaišykite, kad susimaišytų. Paragaukite ir pagal poreikį sureguliuokite saldumą ar aitrumą, įpildami daugiau cukraus ar citrinos sulčių.

c) Atskirame inde paruoškite kavą. Galite naudoti užpylimo metodą, prancūzišką presą arba bet kurį pageidaujamą kavos ruošimo būdą. Leiskite kavai atvėsti iki kambario temperatūros arba atšaldykite šaldytuve.

d) Kai kava bus paruošta, supilkite ją į atskirą ąsotį. Supilkite pasirinktą pieną ir pagal skonį saldintą kondensuotą pieną. Gerai išmaišykite, kad susimaišytų. Pakoreguokite saldumą pagal savo skonį, jei norite, įpilkite daugiau saldinto kondensuoto pieno.

e) Pripildykite dvi stiklines ledo kubeliais.

f) Paruoštą kavos mišinį užpilkite ant ledo kubelių, kiekvieną stiklinę užpildydami maždaug iki pusės.

g) Tada užpilkite naminį limonadą ant kavos mišinio kiekvienoje stiklinėje, užpildydami likusią stiklinės dalį.

h) Švelniai išmaišykite, kad susijungtų skoniai.

i) Jei norite, papuoškite citrinos griežinėliais arba mėtų šakele.

j) Nedelsdami patiekite gaivinantį ledinės kavos limonadą ir mėgaukitės nuostabiu kavos ir limonado skonių deriniu.

k) Nebūtina: taip pat galite įpilti šlakelį aromatinto sirupo, pavyzdžiui, vanilės ar karamelės, kad gautumėte papildomo saldumo ir skonio.

l) Eksperimentuokite su limonado ir kavos santykiu, kad atitiktumėte savo skonį. Mėgautis!

90. Earl Grey limonadas

INGRIDIENTAI:

- 4 Earl Grey arbatos pakeliai
- 1 puodelis (236 ml) šviežių citrinų sulčių
- 3 šaukštai medaus (arba pagal skonį)
- Ledo kubeliai
- Citrinos ir apelsino griežinėliai papuošimui
- Švieži mėtų lapeliai papuošimui

INSTRUKCIJOS:

a) Pradėkite pridėdami Earl Grey arbatos maišelius į karščiui atsparų ąsotį ar ąsotį.

b) Arbatos pakelius užpilkite 4 puodeliais verdančio vandens ir palikite 4-5 minutes nusistovėti. Tada išimkite arbatos maišelius.

c) Kol arbata dar karšta, įmaišykite medų, kad ištirptų ir susimaišytų su skysčiu. Leiskite mišiniui atvėsti iki kambario temperatūros.

d) Kai arbata atvės, įmaišykite šviežių citrinų sulčių. Paragaukite mišinio ir, jei norite, sureguliuokite saldumą, įpildami daugiau medaus.

e) Pripildykite stiklines ledo kubeliais.

f) Ant kiekvienos stiklinės ledo užpilkite Earl Grey limonado.

g) Papuoškite gaivinantį gėrimą citrinos ir apelsino griežinėliais ir įdėkite keletą šviežių mėtų lapelių, kad gautumėte papildomo skonio ir aromato.

h) Karštą vasaros dieną patiekite savo Earl Grey limonadą ir mėgaukitės nuostabiu bergamočių arbatos ir kvapnaus limonado mišiniu.

i) Atsisėskite, atsipalaiduokite ir mėgaukitės aštriais, aštriais ir skaniais šio gaivaus gėrimo skoniais.

91. Persikų juodosios arbatos limonadas

INGRIDIENTAI:

- 1 prinokęs vidutinio dydžio persikas, pašalinta odelė
- ½ citrinos
- 2 puodeliai juodosios arbatos (arba žaliosios arbatos, jei pageidaujate)
- 2 šaukštai paprasto sirupo (instrukcijos pateiktos aukščiau)
- 1 puodelis ledo kubelių

INSTRUKCIJOS:

a) Pradėkite išspauskite sultis iš pusės citrinos ir atidėkite.

b) Prinokusį persiką supjaustykite gabalėliais ir sudėkite į trintuvą.

c) Į maišytuvą įpilkite rezervuotų citrinų sulčių, juodosios arbatos (arba žaliosios arbatos, jei norite) ir paprastą sirupą. Paprasto sirupo kiekį reguliuokite pagal savo skonį; pridėkite daugiau, jei norite saldesnio gėrimo.

d) Sumaišykite visus ingredientus, kol gausite vientisą ir gerai išmaišytą mišinį.

e) Sumaišytą mišinį perkoškite į ąsotį ar ąsotį su daugybe ledo kubelių arba susmulkinto ledo.

f) Nedelsdami patiekite savo naminį persikų juodosios arbatos limonadą, kad gautumėte gaivų ir saldų vasaros gėrimą.

92. Chai aviečių limonadas

INGRIDIENTAI:

- ¾ puodelio ledo
- 1 uncija limonado koncentrato, 7+1, atšildytas
- 1 uncija aviečių sirupas
- 2 uncijos Original Chai Tea Latte
- 6 uncijos citrinų-kalkių soda
- 2 šviežios raudonos avietės
- 1 griežinėlis citrinos, nupjauta ir supjaustyta

INSTRUKCIJOS:

a) Nuplaukite rankas ir visus šviežius, nesupakuotus produktus po tekančiu vandeniu. Gerai nusausinkite.
b) Įdėkite ledą į 16 uncijų gėrimo stiklinę.
c) Limonado koncentratą, aviečių sirupą, chai arbatos koncentratą ir citrinų-laimo sodą užpilkite ant ledo ir gerai išmaišykite ilgakočiu baro šaukštu.
d) Avietes nukoškite arba nuskinkite.
e) Supjaustykite per pusę supjaustytos citrinos.
f) Ant stiklinės krašto uždėkite supjaustytą citrinos ir aviečių iešmelį.
g) Mėgaukitės Chai aviečių limonadu!

93. Limonadas Kombucha

INGRIDIENTAI:

- 1¼ puodelio šviežiai spaustų citrinų sulčių
- 15 puodelių žaliosios arbatos arba oolong kombucha

INSTRUKCIJOS:

a) Į kiekvieną 16 uncijų buteliuką įpilkite 2 šaukštus citrinos sulčių.

b) Piltuvu pripildykite butelius kombucha, palikdami apie 1 colio laisvos vietos kiekviename kamštelyje.

c) Butelius sandariai uždarykite.

d) Butelius padėkite į šiltą vietą, maždaug 72 °F, kad fermentuotųsi 48 valandas.

e) 1 butelį laikykite šaldytuve 6 valandas, kol visiškai atšals.

f) Atidarykite butelį ir paragaukite kombucha. Jei jus tenkina burbuliukai, atšaldykite visus butelius, kad sustabdytumėte fermentaciją.

g) Kai pasieksite norimą putojimą ir saldumą, atšaldykite visus butelius, kad sustabdytumėte fermentaciją.

h) Prieš patiekdami nukoškite, kad pašalintumėte ir išmestumėte likusias mielių sruogas.

94. Prieskonių obuolių limonadas

INGRIDIENTAI:

- 3 citrinos
- 1 colio imbiero gabalėlis
- 1 sauja šviežių mėtų lapelių
- ½ vanilės ankšties
- 2 kardamono ankštys
- 1 cinamono lazdelė
- 2 kvapiųjų pipirų uogos
- 2 žvaigždžių anyžių ankštys
- ½ stiklinės cukraus
- 2½ stiklinės nefiltruotų obuolių sulčių

INSTRUKCIJOS:

a) Iš citrinų išspauskite sultis.
b) Imbierą nulupkite ir smulkiai supjaustykite.
c) Iš mėtų nuimkite lapus.
d) Vanilės ankštį perpjaukite išilgai, sutrinkite kardamono ankštis.
e) Puode sumaišykite imbierą, citrinos sultis, mėtų lapelius, susmulkintą kardamoną, cinamono lazdelę, kvapiųjų pipirų uogas, žvaigždinio anyžiaus ankštis, cukrų ir 200 ml (apie 7 uncijos) vandens. Mišinį pašildykite, bet būkite atsargūs, kad neužvirtų.
f) Palikite mišinį 15 minučių, kad skoniai susimaišytų.
g) Užpiltą mišinį perpilkite per smulkų sietelį, kad pašalintumėte kietus ingredientus. Leiskite skysčiui atvėsti.
h) Kai skystis atvės, įmaišykite atšaldytas nefiltruotas obuolių sultis ir gerai išmaišykite, kad susimaišytų.
i) Į taures supilkite prieskoninį obuolių limonadą ir patiekite.

95. Ciberžolės limonadas

INGRIDIENTAI:

- 1 ciberžolės šaknis nulupta ir sutarkuota
- 2 citrinų sultys
- 4 puodeliai vandens
- 1 valgomasis šaukštas arba pagal skonį medaus/klevų sirupo
- 1 valgomasis šaukštas kapotų mėtų lapelių

INSTRUKCIJOS:

a) Nulupkite ir sutarkuokite ciberžolės šaknį.
b) Į nedidelį puodą įpilkite 1 puodelį vandens.
c) Suberkite tarkuotą ciberžolę, užvirinkite ant vidutinės ugnies, tada išjunkite ugnį.
d) Nukoškite, kad gautumėte skaidrų skystį ir atidėkite atvėsti.
e) Indelyje sumaišykite citrinos sultis, medų ir ciberžolės vandenį.
f) Išmaišykite, kad susimaišytų, paragaukite ir, jei reikia, įpilkite daugiau medaus arba citrinos sulčių.
g) Sudėkite smulkintus mėtų lapelius, ledo kubelius ir dar kartą gražiai išmaišykite.
h) Ciberžolės limonadą patiekite atšaldytą.

96. Masala limonadas

INGRIDIENTAI:

- 3 citrinos, sultys
- 1 puodelis Cukraus
- 4 puodeliai Vandens
- ½ colio imbieras, susmulkintas
- 1 arbatinis šaukštelis kmynų miltelių
- ¼ arbatinio šaukštelio juodųjų pipirų miltelių
- 1 arbatinis šaukštelis juodosios druskos
- Sauja mėtų lapelių
- 1 žiupsnelis kepimo soda (nebūtina)

INSTRUKCIJOS:

a) Dubenyje išspauskite citrinų sultis.

b) Į citrinos sultis suberkite cukrų, susmulkintą imbierą ir šviežius mėtų lapelius. Įpilkite 1 stiklinę vandens.

c) Viską gerai išmaišykite, kol cukrus visiškai ištirps.

d) Filtruokite sultis, kad pašalintumėte minkštimą ar kietas daleles.

e) Į išfiltruotas sultis suberkite juodųjų pipirų miltelius, kmynų miltelius ir juodąją druską. Viską kruopščiai išmaišykite.

f) Į mišinį įpilkite ledo kubelių, kad jis atvėstų.

g) Jei jums labiau patinka putojantis limonadas, galite pridėti žiupsnelį valgomosios sodos.

h) Patiekite šį gaivų ir kvapnų Masala limonadą stiklinėse arbatos metu arba su vakaro užkandžiais. Mėgaukitės nuostabiu prieskonių ir citrinos mišiniu!

97. Chai prieskoniais pagardintas limonadas

INGRIDIENTAI:

- 2½ stiklinės vandens
- ¼ puodelio klevų sirupo (arba medaus, arba agavų sirupo)
- 1 valgomasis šaukštas susmulkintos šviežios imbiero šaknies
- 3 žalios kardamono ankštys, sulaužytos
- 4 sveiki gvazdikėliai
- 1 nedidelė cinamono lazdelė
- ½ puodelio šviežiai spaustų citrinų sulčių

INSTRUKCIJOS:

a) Vidutiniame puode ant vidutinės ugnies užvirinkite vandenį. Leiskite virti 2 minutes, neuždengę.

b) Į verdantį vandenį supilkite klevų sirupą, susmulkintą imbierą, susmulkintas kardamono ankštis, gvazdikėlius ir cinamono lazdelę. Gerai išmaišykite ir užvirinkite mišinį. Retkarčiais pamaišykite.

c) Nukelkite puodą nuo ugnies ir uždenkite dangčiu. Palikite mišinį 20 minučių, kad prieskoniai įsigertų.

d) Užpiltą skystį per kelis sluoksnius marlės arba plono tinklelio sietelį perkoškite į didelį konservų indelį ar ąsotį, kad pašalintumėte prieskonius.

e) Nukoštą skystį laikykite šaldytuve, kol jis visiškai atvės.

f) Įmaišykite šviežiai spaustas citrinos sultis.

g) Patiekite Chai prieskoniais pagardintą limonadą ant ledo. Norėdami suteikti papildomo gaivaus prisilietimo, jei norite, galite įpilti šlakelį gazuoto vandens arba spirito.

h) Bet koks likęs limonadas gali būti laikomas šaldytuve iki 3 dienų arba užšaldytas ilgiau. Mėgaukitės šiuo unikaliu ir kvapniu limonado posūkiu!

98. Karštas padažas Limonadas

INGRIDIENTAI:

- 1 litro klubinė soda
- 2 puodeliai baltojo romo
- 6 uncijų skardinė šaldyto limonado koncentrato
- ¼ puodelio šviežių citrinų sulčių
- 1 arbatinis šaukštelis karšto padažo
- Susmulkintas ledas, pagal pageidavimą

INSTRUKCIJOS:

a) Ąsotyje švelniai sumaišykite klubinę soda, baltąjį romą, šaldytą limonado koncentratą, šviežias citrinos sultis ir karštą padažą.

b) Aštrų limonado mišinį supilkite į stiklines, pripildytas smulkinto ledo.

c) Patiekite šį gaivų ir gaivų aštrų limonadą kitame draugų ir šeimos susitikime, kad išgertumėte puikaus ir įsimintino gėrimo.

d) Mėgaukitės atsakingai!

99. Indiškas limonadas su prieskoniais

INGRIDIENTAI:
PAPRASTAM SIRUPUI:
- 1 puodelis cukraus
- 1 puodelis vandens
- Citrinos sulčių išspaudimas (kad nesusikristalizuotų)

LIMONADUI:
- Paprastas sirupas (pagal skonį)
- 1 puodelis šviežiai spaustų citrinų arba laimo sulčių
- 4 puodeliai šalto vandens
- Skrudintos ir susmulkintos kmynų sėklos (nebūtina)
- Jūros druskos dribsniai (nebūtina, stiklinei apipjaustyti)

GARNIJAI:
- Šviežių mėtų lapelių (nebūtina)
- Švieži citrininės verbenos lapai (nebūtina)
- Šviežių baziliko lapelių (nebūtina)

INSTRUKCIJOS:
PAPRASTAS SIRUPAS GAMYBOS:
a) Puode ant vidutinės ir silpnos ugnies sumaišykite 1 puodelį cukraus ir 1 puodelį vandens.

b) Į mišinį įpilkite citrinos sulčių, kad išvengtumėte kristalizacijos.

c) Išmaišykite mišinį ir leiskite virti, kol cukrus visiškai ištirps.

d) Nuimkite puodą nuo ugnies ir leiskite paprastam sirupui atvėsti.

LIMONADO GAMYBA:
e) Ąsotyje sumaišykite 1 puodelį šviežiai spaustų citrinų arba laimo sulčių su 4 puodeliais šalto vandens.

f) Pagal skonį įmaišykite paprastą sirupą. Pakoreguokite saldumą pagal savo skonį, įpildami daugiau ar mažiau paprasto sirupo.

PATEIKIMAS:

g) Jei norite, stiklinę galite apibarstyti jūros druskos dribsniais, kad pagerintumėte skonį.

h) Apvyniokite žaliosios citrinos arba žaliosios citrinos gabalėlį aplink stiklinės kraštą, kad sudrėkintumėte.

i) Sudrėkintą kraštelį pamerkite į lėkštę su jūros druskos dribsniais, kad apvaduotumėte stiklinę.

j) Užpildykite stiklinę ledo kubeliais.

k) Limonadų mišinį užpilkite ant stiklinėje esančių ledo kubelių.

l) Jei norite, papuoškite indišką limonadą su šviežiais mėtų lapeliais, citrininės verbenos lapeliais arba baziliko lapeliais.

100. Levandų citrinos lašas

INGRIDIENTAI:

- 2 uncijos levandų užpiltos degtinės
- 1 uncija Triple Sec
- ½ uncijos šviežių citrinų sulčių
- Levandos šakelė papuošimui

LEvandomis užpilta degtinė:

- ¼ puodelio džiovintų kulinarinių levandų pumpurų
- 1 puodelis degtinės

INSTRUKCIJOS:
LEVANDŲ UŽPIRTINTA DEGTINĖ

a) Švariame stikliniame indelyje sumaišykite džiovintus kulinarinius levandų pumpurus ir degtinę.

b) Uždarykite stiklainį ir palikite vėsioje, tamsioje vietoje apie 24-48 valandas, kad įsigertų. Retkarčiais paragaukite, kad įsitikintumėte, jog jis pasiekia norimą levandų skonio lygį.

c) Įpylę pagal savo skonį, perkoškite degtinę per ploną tinklelį arba marlę, kad pašalintumėte levandų pumpurus. Supilkite levandomis užpiltą degtinę atgal į švarų butelį ar stiklainį.

LEVANDŲ CITRINŲ LAŠUI:

d) Užpildykite kokteilių plaktuvą ledu.

e) Į plaktuvą įpilkite 2 uncijos levandų užpiltos degtinės, 1 unciją Triple Sec ir ½ uncijos šviežių citrinų sulčių.

f) Energingai suplakite, kol gerai atšals.

g) Mišinį perkoškite į atšaldytą martinio taurę.

h) Papuoškite levandų citrinos lašą šviežios levandos šakele.

i) Mėgaukitės savo Levander Lemon Drop kokteiliu su nuostabiomis gėlių ir citrusų natomis!

IŠVADA

Kai baigiame savo kelionę per „Citrinų mylėtojų kulinarinį kompanioną", tikimės, kad paragavote gaivaus ir kvapnios citrinų gėrybių pasaulio. Citrinos turi unikalų gebėjimą pagyvinti ir patobulinti patiekalus daugybe būdų, o dabar jūs tapote jų kulinarinės magijos panaudojimo meistru.

Raginame ir toliau tyrinėti citrinų įkvėptus kūrinius, eksperimentuoti su naujais receptais ir dalintis savo skaniais patiekalais su šeima ir draugais. Kiekvienas jūsų paruoštas patiekalas liudija apie gaminimo su citrinomis džiaugsmą ir ryškų skonį, kurį jos suteikia ant stalo.

Dėkojame, kad buvote šio citrusinio kulinarinio nuotykio dalimi. Tegul jūsų įgytos žinios ir įgūdžiai ir toliau nušviečia jūsų kulinarinį kelią, o jūsų patiekalai visada būna pripildyti saulėto citrinų skonio. Laimingo gaminimo!

www.ingramcontent.com/pod-product-compliance
Lightning Source LLC
Chambersburg PA
CBHW071308110526
44591CB00010B/826